Karin Kirwa

Die Sache mit der Heckenschere

Buch

Dieses Buch entstand aus einer Idee heraus, die mir meine kleine, aber feine Fangemeinde antrug: nämlich den kleinen und großen Katastrophen des täglichen Lebens ein Buch zu widmen. Dem einen oder anderen wird etliches bekannt vorkommen. Das Leben besteht bekanntermaßen nicht nur aus purem Sonnenschein, und jeder reagiert obendrein mal "daneben". Aber solange wir über unsere Missgeschicke lachen können (zumindest im Nachhinein), sind Fettnäpfchen und sonstige (Lebens-)Hürden ohne größere negative Nebenwirkungen zu ertragen.

Autorin

Geboren in Berlin hat Karin Kirwa ihren typischen Humor über viele Jahre hinweg unverdrossen bewahrt. Die Autorin lebt mit ihrem Hund an der Ostsee. Erfolg als Schriftstellerin hatte sie bereits mit ihren humorvollen und spannenden Kinder-Geschichten von Bommels Abenteuern, die auch hier erschienen sind.

Karin Kirwa

Die Sache
mit der Heckenschere

Vergnügliche Lektionen

aus dem Leben der Karin K.

Für Benjamin

Besuchen Sie mich im Internet:

www.bommel-und-mehr.de

Ähnlichkeiten mit lebenden oder toten Personen
sind weder beabsichtigt noch entsprechen sie der Realität.

Umschlaggestaltung: K.K., Redaktion: P.Z.

Herstellung und Verlag:

Books on Demand GmbH, Norderstedt

ISBN 978-3-8391-4465-7

Die Sache mit den alten Autos
Teil 1

Vor gefühlten hundert Jahren fuhren wir ein altes Auto, ein sehr altes Auto, ein ausgesprochen altes Auto. Und damit meine ich keinen Oldie, sondern eine marode Klapperkiste.

Dieser nichtsdestotrotz fahrbare Untersatz hatte naturgemäß einige Macken. Meistens war ich damit unterwegs. Dank meiner jugendlichen Unbekümmertheit konnten mich die diversen technischen Aussetzer selbstverständlich so leicht nicht erschüttern. Außerdem war damals meine Devise, dass dem, der das Geld verdient, auch ein fahrbarer Untersatz zusteht, um flott an den jeweils gewünschten Ort zu kommen. Der Gatte, der studierende, konnte wunderbar die S- und U-Bahn zur Uni nehmen. Da hatte er im Übrigen keine Parkplatzsorgen und konnte sich aufs Wesentliche konzentrieren. In diesen Zeiten, in den Augen junger Leser so knapp nach dem Mittelalter, war es außerdem absolut unüblich, dass zwei Autos oder gar mehr vor der Tür standen. Man wäre ja auf der Stelle ausgeraubt worden, weil das sofort "Reichtum" signalisiert hätte.

Kurz und gut - besser gesagt: nicht gut -, dieses Auto hatte sich eine nervige Angewohnheit zugelegt. Es blieb ab und zu plötzlich und äußerst unerwartet stehen. Einfach so. Und was mein seelisches Gleichgewicht empfindlich störte: am liebsten zur Rushhour in einem Tunnel. Normalerweise kann mich so leicht nichts irritieren, aber solche Situationen machen mich nun doch etwas nervös, weil ja andere Autofahrer, vornehmlich Männer, dazu neigen zu hupen, wenn es nicht weitergeht. Als ob ein Mensch freiwillig beispielsweise im engen Leuchtenbergtunnel in München ein gemütliches Nickerchen machen würde!

Tatsache war, dass das Auto sich mal wieder ohne Vorwarnung eine Ruhepause spendierte. Ich bekam blitzartig den obligatorischen, für mich mittlerweile schon gewohnten signalroten Kopf, stapfte innerlich kochend zu dem hupenden Hintermann und schlug ihm in vollendet sanftem Ton vor, wenn er mein Auto wieder in Gang brächte, würde ich in der Zwischenzeit gerne für ihn hupen. Das lehnte er merkwürdigerweise ab.

Nun brauchte ich schnellstens ein Telefon, das ich in diesem Tunnel allerdings nicht finden würde. Also rannte ich in olympiaverdächtigem Tempo los, um einen Laden mit einem rettenden Telefon zu suchen. Denn wir hatten halt nicht nur keine zwei Autos, sondern es waren "im Mittelalter" obendrein noch keine Handys bekannt.

Nachdem mich schließlich eine gütige Verkäuferin telefonieren ließ, weigerte sich der Automobilclub mir zu helfen, weil ich den Ausweis nicht dabei hatte. Man belehrte mich in schulmeisterlichen Worten, dass man diesen stets und überall mitzuführen hätte. Das wiederum löste eine ungeahnte rhetorische Lawine in mir aus, und ich wies ihn ebenso kühl wie wortgewaltig darauf hin, dass ich bei einer Zeitung arbeitete und er am nächsten Tag in einem groß aufgemachten Artikel etwas Interessantes über sich im Speziellen und den Club im Besonderen lesen könne. Worauf der Herr, offenbar schlagartig überzeugt von meiner Notlage, den Hörer auf die Gabel und sich selbst in einen Wagen schmiss. Nach ungefähr einer Stunde und einer stattlichen Anzahl ärgerlich (und umsonst) hupender Autos im Tunnel, war der Helfer endlich vor Ort, brachte mein Vehikel unter unverständlichem Gemurmel wieder in

Gang, und ich drückte danach kräftig aufs Gas, um eiligst Land zu gewinnen.

Das ist jedoch mitnichten das Ende der Geschichte.

Die Fortsetzung folgt umgehend.

Die Sache mit den alten Autos
Teil 2

Ich schoss also aus dem Tunnel wie eine zu heiß gekochte Weißwurst aus der Pelle. Heilfroh darüber, dass diese doch manchmal sehr zickige Klapperkiste wieder funktionierte, setzte ich meinen so abrupt unterbrochenen Weg mit Bleifuß ins Büro fort.Die paar Kilometer dorthin und auch den gesamten Heimweg lang hielt die betagte Blechlaube tapfer durch, und ich ergötzte mich schon an der herrlichen Vorstellung, für alle Zeiten ein rundum williges und unproblematisches Auto zu besitzen. Dreizehn Jahre (und über hunderttausend Kilometer) waren schließlich kein Alter. Mit ein bisschen Wohlwollen konnte man es als relativ neu, weil recht gut gepflegt, betrachten. Erwähnen muss ich noch, dass der Mechaniker mir er-klärt hatte, es sei lediglich eine kleine Klappe im Luftfilter zugefallen. Er zeigte mir das auch sehr eindrucksvoll, schließlich müssen Männer von Zeit zu Zeit ihre technische Überlegenheit demonstrieren, obwohl sie es ja berufsmäßig eigentlich draufhaben sollten. Mein technisches Interesse war (und ist) als eher gering einzustufen. Ein Auto soll mich überall zuverlässig hinschaukeln – mehr verlange ich ganz und gar nicht.

Meine Freude währte ein paar heitere, hoffnungsfrohe Tage lang – bis sich mein Blechfreund erneut grußlos verabschiedete. Mitten auf einer der größten und belebtesten Kreuzungen in der Münchner Innenstadt.

Hat irgendjemand eine Erklärung dafür, warum Autos nie zu Hause in der Garage ihren Ärger ankündigen, sondern stets an den frequentiertesten, von allen Seiten befahrbaren Stellen entschlossen ihr Leben aushauchen? Dort, wo man wirklich jedem im Weg steht und einen Mega-Stau verursacht?

Jedoch – diesmal entschied ich mich heldenhaft, in Eigenregie gegen die Launenhaftigkeit der Kiste zu kämpfen. Nach der ersten halben Schrecksekunde passierten zwei Dinge gleichzeitig: Ich sprang erstens aus meinem stummen Lebensabgeschnittsgefährten und öffnete fachmännisch, okay, fachfraulich die Motorhaube. Und zweitens hielt hinter mir ein anderes Auto. Der Fahrer sprang ebenfalls heraus und wollte wortreich die Angelegenheit in seine bewährten männlichen Hände nehmen. Das ließen aber weder ich, geschwei-

ge denn mein frisch erwachter Ehrgeiz zu. Ich schraubte bereits die Flügelschraube am Luftfilter ab, nahm ihn
heraus und klappte diesen blöden Deckel wieder hoch.
Mittlerweile weiß ich, dass es die Drosselklappe war.
Man lernt halt mit seinen Herausforderungen.

Beim Einsetzen des Luftfilters und dem Aufsetzen der
Flügelschraube wunderte ich mich über den heftigen
Luftzug. Ein Blick zur Seite klärte mich rasch auf. Die
Luftwirbelung war durch das überraschte Keuchen des
hilfsbereiten Herrn entstanden, der mein technisches
Know-how sprachlos verfolgte. Als ich mit gespielt ge-
langweilter Miene und völlig locker den Motor anließ
(der auch ansprang!!!), um mich so schnell wie möglich
aus diesem Verkehrsgetümmel wieder in Sicherheit zu
bringen, trabte er kopfschüttelnd zu seinem Auto. Im
Rückspiegel sah ich noch, dass er eine Weile brauchte,
um sich von dem Schock zu erholen.

Selbstverständlich habe ich mich bei ihm für seine
Hilfsbereitschaft wortreich bedankt, man weiß ja
schließlich, was sich gehört.

Vermutlich hält dieser freundliche Mensch jedoch nur
noch bei Pannen seiner männlichen Artgenossen an.

Frauen in solchen Situationen dürften ihm seit diesem Erlebnis eventuell – und für mich gut nachvollziehbar - suspekt geworden sein.

Die Sache mit den alten Autos
Teil 3

Also dieses Auto hatten wir nicht mehr sehr lange. Irgendwann mangelte es uns an Großmut, alles zu verzeihen, was dieses Blechmonster so veranstaltete. Der Auslöser für unsere Sympathieverweigerung war, dass er ab und zu schlichtweg sofort seinen Dienst verweigerte, also nicht ansprang. Wenn er fuhr, dann fuhr er allerdings nahezu göttlich, aber eben nur **wenn.**

Nun war das ja alles zu einer Zeit, in der man getrost in einen Motor hineinschauen und tatsächlich Teile entdecken konnte, deren Funktionen dank Kurz-Schulung von anderen Auto-Freaks nicht ganz unbekannt waren. Also war es möglich, auch mal selbst Hand anzulegen, speziell dann, wenn man keinen übermäßig gut bezahlten Job hatte und/oder studierte und permanent an einer rachitischen Finanzsituation litt. Da war halt bei einigen Leuten der Samstag für die Autoreparaturen reserviert. Wie bei uns.

Dieser unwillige Blechgeselle drückte also seine Transport-Unlust damit aus, dass er nicht ansprang. Früher traten einem die gesammelten Fragezeichen aufs

Antlitz - heute düst jemand aus der Werkstatt herbei, schließt seinen Computer an die schweigsame Kiste und zack - weiß man, was dem fahrbaren Untersatz fehlt.

Zu damaligen Zeiten musste man tatsächlich seine eigenen Gehirnzellen aktivieren und nach einer Lösung des Problems suchen. Bei unserem Auto sah das Resultat dann so aus, dass irgendetwas überbrückt werden musste - keine Ahnung mehr was. Weil ich ja nun diejenige war, die fast immer mit dem Auto fuhr, erhielt ich genaue Anweisungen, was ich wo hinzu-halten hatte, und dann sprang es in der Tat wieder an. Wenn, ja wenn jemand drin saß, der gleichzeitig Gas gab. Das Überbrückunsgskabel wurde im Auto de-poniert, und damit war die Werkstatt erstens gespart und zweitens überflüssig geworden. Denn der Wagen würde garantiert die – im wahrsten Sinne des Wortes – zündende Idee akzeptieren und ab sofort zuverlässig fahren. Träumen ist ja schließlich nicht verboten.

Allerdings wurde mir eindringlich und mit erhobenem Zeigefinger erklärt, dass ich auf gar keinen Fall an dieses und jenes fassen dürfte, dann würde ich auf der

Stelle leicht verkohlt und obendrein absolut tot um-
fallen. Diese Aussichten fand ich eigentlich ein
bisschen beunruhigend. Doch nachdem ich nicht zu
übermäßiger Ängstlichkeit neige, beschloss ich für
mich, dass das schon alles in Ordnung gehen würde.
Außerdem vertraute ich darauf, dass dieser Fall sowieso nicht einträte. Irgendwann würde mein Schutzengel doch seinen Dauerschlaf mal kurzfristig unter-
brechen.

Das tat der aber mitnichten. Eines Abends wollte ich
nach Feierabend vom Büro aus starten - und siehe da,
es tat sich nichts. Ich gab einige Flüche von mir, die ich
hier leider nicht notieren darf, weil mir sonst die
Jugendschutzbehörde oder gar die Sitte zu nahe tritt -
und fluchen selbstverständlich von jeher ganz und gar
undamenhaft ist.

Als mein Fluchrepertoire erschöpft war und ich nach
frischem Atem gerungen hatte, schaute ich erst einmal
verdrossen in den Motorraum, entdeckte aber nichts
Ungewöhnliches. Konnte ich auch nicht, weil ich ja eh
wusste, was Sache war. Ich nahm also das Kabel
prüfend in die Hand. Wo ich das hinhalten musste, war

mir noch erinnerlich. Nur ein Problem konnte ich so ohne weiteres nicht lösen. Nachdem ich blöderweise nicht über die Beinlänge von drei Metern verfüge, musste ich mich entscheiden: entweder das Kabel hinhalten oder Gas geben. Nachdem beides getrennt naturgemäß keinen Erfolg herbeiführen würde, musste ich mir was einfallen lassen.

Weit und breit war niemand zu sehen, der mir geholfen hätte – wie auch, die Männer standen ja alle im Tunnel und hupten. Meine Flüche regenerierten sich auf fantasievolle Weise von Neuem, mein Herz schlug heftig, weil ich ja zu allem Überfluss nicht wusste, ob ich die ganze Angelegenheit überleben würde.

Letztlich blieb mir nichts anderes übrig, als den Hausmeister zu holen. Der hielt mich erst mal für total durchgeknallt, weil ich ihm die Lösung des Problems genauso schilderte, wie es mir beigebracht worden war. Er weigerte sich mannhaft, mir zu helfen. Sein Leben wäre ihm zu kostbar für so eine Heldentat, er würde nicht gerne in einem explodierenden Auto sitzen. Da übertrieb er aber nun wirklich. Er musste doch nur Gas geben!

Es kostete mich eine gehörige Portion Überredungskunst, ihn davon zu überzeugen, dass er den weitaus ungefährlicheren Teil der Angelegenheit übernehmen sollte. Dass ich eventuell mit einem Schlag nicht nur leblos niedersinken, sondern dazu auch noch verglühen könnte, hatte ich ihm wohlweislich verschwiegen.

Obendrein hatte der Mann keinen Führerschein, so dass ich ihm erst einmal einen Schnellkurs über die verschiedenen Pedale angedeihen ließ.

Übrigens: Auf die Idee, mit Bus und Bahn zu fahren, kam ich erst gar nicht. Dieser hinterhältigen Rostlaube ihren Willen zu lassen, kam überhaupt nicht in die Tüte. Das war eine Frage der, also meiner, Intelligenz und Überlegenheit. Der Karre musste ich's zeigen. Klar, mir auch. Wenn man jung ist, sind Autos außerdem in jeder Lebenslage absolut unverzichtbar.

Mittlerweile hatte sich in den umliegenden Häusern eine erkleckliche Anzahl von Fenstern geöffnet, aus denen eine höchst interessierte Fangemeinde hing. Wahrscheinlich schlossen sie bereits Wetten ab, wer der Stärkere ist. Die Wettquote hätte ich gar zu gerne gewusst. Aber ich hatte natürlich Wichtigeres zu tun. Mit einem tiefen Atemzug packte ich sozusagen den Stier bei den Hörnern, brüllte "Jetzt!" und hielt die zwei Kabelenden an die Stellen, wo sie meiner Erinnerung nach hingehörten. Offensichtlich war das der Start-schuss für meine sonst in himmlischer Ruhe ver-harrenden Schutzengel, mal kurz nach dem Rechten zu sehen: Es geschahen zwei Wunder - der Motor sprang sofort an, und ich war unversehrt. Mit einem höchst be-friedigenden Knall schloss ich die Motorhaube, der Hausmeister taumelte käseweiß aus dem Fahrzeug (der Mann hatte einfach zu viel Fantasie), und ich konnte endlich meinen motorisierten Heimweg antreten. Nach ungefähr fünf Kilometern hatte ich auch meine Knie wieder unter Kontrolle, und der unwiderstehliche Drang, hinter dem nächsten Busch zu verschwinden, ließ ebenfalls langsam nach.

Als die Kiste zum dritten Mal dieses Spiel mit mir trieb, war meine Geduld erschöpft. Wenn schon einer von uns beiden Gefahr lief, ausgemustert zu werden, dann doch besser diese widerspenstige Schrottlaube. Ich empfand mich für einen möglicherweise abrupten, als

Zugabe noch hässlich verkohlten, Abflug effektiv zu jung.

Wenn heute etwas mit meinem Auto nicht stimmt, lege ich natürlich nach wie vor selbst Hand an - nämlich an mein Mobiltelefon und rufe die Werkstatt. Das ist vom gesundheitlichen Standpunkt aus effektiv ungefährlicher. Es lebe der Fortschritt!

Die Sache mit dem Zug

Manchmal könnte man verzweifeln - oder besser zweifeln -, und zwar an dem Verstand von weiblichen Wesen, insbesondere wenn sie miteinander verwandt sind. Es geht da im Speziellen um meine Schwester und mich, die sich aus tausenderlei Gründen trotz naher Wohnorte nicht oft sehen. Wir sind beide ab und zu sehr entscheidungsfreudig, was da heißt: Bevor wir das Gehirn einschalten, haben wir schon entschieden. Das geht natürlich nicht immer gut aus, was aber den Vorteil hat, dass man mit der Zeit sowohl kluge Erkenntnisse als auch kuriose Erlebnisse sammelt.

Eines Tages also entschieden wir uns, unsere Tante zu ihrem 85. Geburtstag in Berlin zu überraschen. Mit dem Auto war uns die Strecke zu weit. Eine Bahnfahrt würde sicher lustig. Da konnte man ungehemmt und genüss-lich schnattern, weitaus mehr als beim Autofahren. Da war halt immer eine abgelenkt, weil sie lästigerweise auf den Verkehr achten musste.

Der Tag unserer gemeinsamen Reise brach an. Das erste Stück fuhren wir schwatzender- und kichernderweise mit der S-Bahn. Schließlich hatten wir uns wirklich lange nicht gesehen. S-Bahn, das war nun echt keine große Affäre. Umsteigen mussten wir in Hamburg. Auch das nahmen wir locker in Angriff.

Mit der Rolltreppe fuhren wir hinauf zum Bahnsteig, und schon hatten wir unseren Zug erreicht. Der gefiel uns ausgesprochen gut, es war nämlich ein funkelnagelneuer ICE. Der war bestimmt viel bequemer und noch dazu schneller als ein Auto.

Nun klettert man ja nicht ohne Vorbereitungen in so in einen Zug, nein, wir hatten uns lange vor der Reise Platzkarten besorgt. Den angegebenen Waggon hatten wir auch rasch gefunden und steuerten vergnügt unsere reservierten Sitzplätze an.

Merkwürdigerweise war einer davon aber besetzt, nämlich von einem jungen Mann. Doch eine Dame vom Lande verteidigt selbstredend vehement ihr Recht auf ein von ihr bezahltes, wenn auch relativ kurzfristiges Eigentum.

Ich machte einen auf arrogant und erklärte dem jungen Mann, das wäre erwiesenermaßen – ich wedelte mit der Platzkarte - mein Platz, was im Klartext heißen sollte: "Zieh Leine, aber flott!" So direkt wollte ich jedoch zunächst nicht sein. Der junge Mann reagierte überraschenderweise nicht wie gewünscht, sondern zückte ohne erkennbare Hochachtung vor meinem Alter seine Platzkarte und hielt sie mir kommentarlos unter die Nase.

Au weia, jetzt war unauffälliger Rückzug angesagt. Wir befanden uns im falschen Wagen. Die Funken stoben, als wir Fersengeld gaben und aus diesem Waggon verschwanden. Himmel, war das peinlich! Bevor wir uns nun auf die Suche nach unseren richtigen Plätzen begaben, mussten wir uns erst einmal erholen. Wir standen sozusagen zwischen Baum und Borke, also zwischen zwei Waggons, und prusteten über unsere "gezielte Eigentumsverteidigung", als sich der Zug in Bewegung setzte und im selben Moment der Schaffner erschien, um unsere Fahrkarten zu kontrollieren.

Inzwischen hatten wir uns wieder leidlich beruhigt, hielten ihm lässig unsere Tickets entgegen und giggelten weiter – so lange, bis der freundliche Mensch uns erklärte, dieser Zug führe mitnichten nach Berlin, sondern nach München.

Nachdem so ein ICE ja nicht gerade bei jeder dörflichen Milchkanne hält, würde der nächste Halt in Hannover sein. Unsere Gesichtsfarbe wechselte bereits von rot über weiß zu grün, und wir röchelten OH GOTT, als just in dieser Sekunde der ICE seine Fahrt verlangsamte, und der breit grinsende Schaffner uns sachte in Altona aus dem Zug schubste, bevor sich dieser nun endgültig in Richtung München in Bewegung setzte.

Wenn wir etwas weniger geschnattert, dafür aber unsere kleinen grauen Zellen aktiviert hätten, dann wäre uns unter der Rubrik Logik ein ganzer Kronleuchter aufgegangen. Kurz nach der Wende fuhr nämlich kein ICE nach Berlin, was wir sehr wohl wussten. Schande über uns und unser Geplapper. Letztendlich fanden wir den richtigen Zug, durften dank dessen gemächlichem Zuckeln sämtliche Grashalme auf dem Weg nach Berlin bewundern und hätten wunderbar nebenher noch einen Strauß Blumen pflücken können.

Die Blumen besorgten wir dann am Bahnhof Zoo, erweckten aber offensichtlich bei der Verkäuferin den Eindruck von zwei rückständigen Landeiern. Sie rief uns nämlich hinterher: "Passn se bloß uff Ihre Taschen uff, hier wird jeklaut wie varrückt." Bis aus dem Laden schafften wir es noch, und dann prusteten wir ein weiteres Mal los, weil wir nämlich beide waschechte Berlinerinnen sind. Von deren sprichwörtlicher Pfiffigkeit hat man bei uns an diesem Tag allerdings herzlich wenig gemerkt. Damals habe ich geschworen, mein Gehirn nie wieder auf Urlaub zu schicken.

Die Sache mit den
Gebrauchsanweisungen

Hobbys hat jeder, denke ich mal so vor mich hin.
Meines ist lesen und schreiben, klar.

Lesen kann ich alles, wirklich alles – bis auf
Gebrauchsanweisungen. Nun sind die Hersteller diver-
ser Geräte, Schränke, Faltschachteln etc. zu der Er-
kenntnis gekommen, dass es Gebrauchsanweisungs-
Analphabeten gibt. So wie mich. Und haben etwas
Geniales erfunden: Es wird streng nach nummerierten
Zeichnungen aufgebaut. Kein Kommentar, kein einziger
Hinweis dazu, nichts. Man dreht und wendet das Blatt
Papier, aber es bleibt bei Grafiken.

Selbstverständlich bin ich der Meinung: Selbst ist die
Frau. Aber in solchen Fällen muss ich manchmal ehrlich zugeben, dass dieser Spruch Makulatur ist, ab und
zu wäre ein Mann im Haus recht angenehm. Männer
können so etwas sofort in ihre bewährten Hände
nehmen und ratz-fatz ist so eine Schachtel zusammengebaut. Wenn ich also alleine bin, gibt es in meinen
Augen nur eine Variante: Ich ignoriere diese für mich

unverständlichen Zettel und setze Maschinen ohne Anweisung in Gang. "Learning by doing" nennt man das neudeutsch. Und in den meisten Fällen klappt das tatsächlich.

Hat man aber eine Gartenbank gekauft, weil die im letzten Herbst gerade so ein wundervolles Schnäppchen und ebenso wundervoll verpackt war, wird es mit "Learning by doing" schwierig, wenn auch sehr interessant.

Im letzten Frühling, die ersten Osterglocken steckten ihre Köpfe aus der Erde und ich den meinen in den Schuppen, sprang mir diese nach wie vor verpackte Bank geradezu ins Auge. Jetzt oder nie entschied ich, zog und zerrte das Ungetüm auf die Terrasse und tauchte erst einmal bis an die Haarspitzen im Verpackungsmüll unter. Bei der Entsorgung derselbigen achtete ich peinlichst darauf, die Grafik mit der Aufbauanleitung aufzuheben, denn die brauchte ich natürlich für alle Fälle. Den Zusammenbau einer Gartenbank traute ich mir freihändig nun doch nicht ganz zu. Ich breitete also alle Teile aus und fing an zu grübeln. Abgesehen davon, dass ich mindestens fünf

Hände zu wenig hatte, waren mir die unterschiedlichen Schrauben und Muttern nicht ganz geheuer. Wo sollten die denn alle hin?

Nach fünf Minuten war ich überzeugt, dass da nie und nimmer eine ordentliche Bank draus würde und trank erst einmal zur Beruhigung einen Kaffee in der Sonne.

Nun neige ich, wie die meisten Frauen, nicht dazu, kampflos aufzugeben. Im Übrigen hätte das noch dazu bedeutet, dass man den ganzen Kram in allen Einzelteilen irgendwo verstauen müsste. Also mobilisierte ich meinen Denkapparat erneut, warf kurz die Logik an - und siehe da: Wenigstens die Rückenlehne und ein Armteil fanden zueinander. Nach etlichem Hin- und Herschrauben verband sich auch die zweite Armlehne zuverlässig mit dem Rückenteil. Das machte mich schon mal hoffnungsfroh, um nicht zu sagen, teilweise sehr stolz.

Zur Stabilität des Ganzen mussten einige Zwischenhölzer eingezogen werden. Da rächte sich der Kauf eines Schnäppchens definitiv das erste Mal, denn die vorgebohrten Löcher passten absolut nicht. Also kramte ich die Bohrmaschine heraus, um die Löcher nachzubohren. Danach passten die Schrauben wenigstens an die dafür vorgesehenen Stellen.

Okay, zumindest ein kleines Erfolgserlebnis. Doch meine Lust auf diese vormals als romantisch eingestufte Gartenbank war erheblich geschrumpft. Trotzdem arbeitete ich verbissen weiter. Seltsamerweise war nun auf der einen Seite ein Holz zu kurz, auf der anderen eines zu lang. Also bemühte ich erneut die Abteilung Logik, was da hieß: Wenn der Hersteller diese Hölzer da reinpackt, dann gehören sie auch irgendwo hin.

Mittlerweile war ich keineswegs mehr der Meinung, eine Bank zu benötigen, eine selbst aufzubauende schon gar nicht. Aber der Ehrgeiz hatte mich fest im Griff. Ich baute die ganze Angelegenheit wieder auseinander. Von dem ewigen Rein- und Rausgeschraube saß glücklicherweise alles schon ein wenig lockerer, so kam ich unerwartet flott voran.

Jetzt sprang Logik Punkt drei an. Ich erinnerte mich an eine Bank, die wir uns vor Jahren mal angeschafft hatten, und die irgendwo leicht lädiert im Schuppen herumstehen musste. Also trank ich zur Stärkung erst einmal einen weiteren Kaffee und machte mich dann auf die Suche nach der verschollenen Bank. Und sammelte zwei weitere Erfolgserlebnisse: Ich fand sie in relativ kurzer Zeit, und sie machte mich schlauer, was die die Zusammensetzung der einzelnen Teile betraf. Das wurde aber auch langsam Zeit. Ich gebe es nur ungern zu, aber ein Mann hätte die Bank in längstens einer halben Stunde aufgebaut. Und ich war bereits, okay, ich bin ehrlich, ein paar Stunden zugange. Die Sonne versank gerade langsam hinter der Rah, als ich die Frucht meiner Arbeit kritisch beäugte. Es schien alles an seinem Platz zu sein, das Ganze wirkte zwar unverständlicherweise etwas kippelig, aber es musste sich ja nicht zwingend jemand draufsetzen – ich würde es offiziell zur kostbaren Dekoration hochstufen. Am nächsten Tag strich ich sie noch blitzeblau an, und fertig war das gute Stück.

Das Wochenende nahte und einer der Söhne ebenfalls. Wir wollten uns gemütlich zum Essen auf der Terrasse niederlassen. Selbstverständlich peilte der Sohn sofort die bewusste und auch wirklich hübsch aussehende Bank an, doch mein Blick flog hektisch von seiner stattlichen Figur zur Bank und zurück. Das konnte auf gar keinen Fall gut gehen. Angriff ist ja immer die beste Verteidigung, also erklärte ich wahrheitsgemäß, diese Bank hätte ich mit diesen meinen Händen zusammengebaut, und sie wäre nur als Dekoration gedacht.

Was das Interesse des Kindes nun endgültig weckte. Es platzierte sich ungerührt in die Mitte des Möbels, brach Gott sei Dank nicht mit ihm zusammen, sondern stellte lediglich fest, dass da was nicht stimmen konnte.

Die Bank wackelte wie ein Schaukelstuhl auf Extasy.

Ein mitleidiger Blick streifte mich, und fünf Minuten später lag das gute Stück in seine Einzelteile zerlegt auf der Terrasse. Weitere zwanzig Minuten später war sie perfekt zusammengebaut und man konnte – Überraschung pur! - unfallfrei darauf sitzen.

Also wenn ich den Rest meines Lebens nicht mit solchen unfruchtbaren Aufbauarbeiten zubringen will, brauche ich einen begabten Hausfreund.

Die Sache mit der prä-senilen Bettflucht

Ach Leute, man wird älter, eigentlich will man das ja gar nicht wahrhaben, aber gestern merkte ich es an den knackenden Knochen. Und außerdem stelle ich fest, dass ich offensichtlich an prä-seniler Bettflucht leide. Da könnte man so richtig wohlig vor sich hinschlummern, wenn man nicht plötzlich mitten in der Nacht, bei tiefster Finsternis … ausgeschlafen hätte. Wie jetzt, drei Uhr früh und schon ausgeschlafen?

Eine Möglichkeit wäre, das Licht anzuknipsen und zu lesen. Doch dieses und aufstehen verbietet sich von selbst, weil meine Kampfdackel sofort ihren Schlaf-Wach-Rhythmus umstellen und nach Futter jaulen. Die Aufnahme des Futters wiederum zieht einen sofortigen Ausflug in den Garten nach sich, stets nach dem Motto: Wenn vorne etwas reinkommt, ist drinnen kein weiterer Platz mehr – demzufolge muss umgehend hinten was raus. Das Ganze nennt man Verdrängungs-Mechanismus. Leidvolle Erfahrungen prägen deshalb meine Weigerung, mich nachts in die Senkrechte zu begeben. Die Dackel rannten dann nach einer solchen Schlafunterbrechung mit Leckerlis im Bauch Aktion (damit sie endlich Ruhe geben) raus und bellten sich dort erst einmal die Seele aus dem Leib, damit auch ja der ganze Ort wusste, welch umwerfendes Vergnügen nächtliche Gartenspaziergänge bedeuten. Ich flitzte dann, weil etliche Male davon überrascht, dementsprechend leicht bekleidet durch den finsteren Garten hinter den Kläffern her, in der Hoffnung, dass wenigstens der Nachbar im Tiefschlaf lag. Im durchdringenden Flüsterton sonderte ich so Töne wie "Kksschhhh", "Psschhhtt" ab. Darunter mischten sich schon mal so Unfreundlichkeiten wie "Mistviecher, wenn ihr nicht sofort still seid, kommt ihr gleich in die Wurst". Was denen jedoch herzlich egal war, sie kennen mich und ihr gutes Leben … und bellten herzhaft weiter. Mein Blutdruck stieg proportional zu der Dauer und Lautstärke des Bell-Pegels.

Nervös äugte ich herum, ob nicht vielleicht doch jemand Vergnügen daran hatte, erstens nach dem Grund dieses Radaus zu fahnden und zweitens eine unanständig leicht bekleidete Frau draußen herumrennen zu sehen. Aber glücklicherweise schien nie jemand an dem nächtlichen Spektakel interessiert gewesen zu sein.

Irgendwann sind diese nervigen Kläffmonster dann wieder hereingetrabt, von mir dann sehr freundlich begrüßt mit dem Satz: "Ihr habt wohl nicht mehr alle Nadeln auf der Tanne?" Was sie absolut nicht störte. Ausgetobt und zufrieden enterte jeder wieder sein Bett und schlief in Sekundenschnelle tief ein. Wie schön für sie – denn ich war selbstverständlich für den Rest der Nacht hellwach.

Vor lauter Grübeln, soll ich, oder soll ich nicht, werde ich immer wacher, meine Nieren kommen auch langsam auf Touren, was da heißt, ich muss mal. Leise, ganz leise stehe ich auf und schleiche ins Bad. Nur nicht die Hunde wecken! Nachdem die Hunde weiterschlafen und die Nachttischlampe eh an ist, greife ich nun zu meinem Buch. Manchmal hilft es ja, dass mir wenig später die Augen zufallen. Aber nix da, wach ist wach. Ein Blick auf den Wecker zeigt mir, noch eine Stunde bis zum Aufstehen.

Das Nächste was ich mitkriege, ist ein nervenzerfetzendes Schrillen. Na klar, wieder mal bin ich zirka zehn Minuten bevor dieses Unding losrasselt, eingeschlafen. Das ist nicht nur gemein, das ist obendrein keinesfalls gute Laune fördernd.

Hat das jetzt was mit dem Alter zu tun? Nein, ich habe beschlossen, solche Frechheiten erst gar nicht Platz nehmen zu lassen in meinem Gehirn. Schließlich schlafe ich doch bestens – nämlich abends vor dem Fernseher.

Die Sache mit dem Bullen

Manche Menschen haben schier unglaubliche Begabungen. Wie hier noch beschrieben werden wird, liegen
meine nicht unbedingt in der Küche. Dafür habe ich ein
anderes Talent. Na ja, wenigstens ein kleines. Nun will
ich mich nicht versteigen und behaupten, eine Pferde-
flüsterin zu sein, aber dezent besabbeln kann ich sie
schon. Das habe ich nämlich mehrfach mit verblüf-
fendem Erfolg versucht. Ein Pferd, das sich beispielsweise partout nicht halftern lassen wollte, hatte ich
dermaßen besäuselt, dass es wohl in so was wie eine
Schockstarre - oder wohl eher in ein aufrechtes Nickerchen - gefallen ist und sich wie hypnotisiert das Halfter
anlegen ließ.
Als ich in Kanada war, besuchte ich auch Bekannte mit
Pferden. Und da stand ein wunderschöner Schimmel in
seiner Box. Sofort fing ich an ihn zu "beflüstern", das
heißt, ich sprach leise mit ihm, mal auf Deutsch, mal
auf Englisch, es schien ihm egal zu sein, denn es fielen
ihm auf der Stelle die Augen zu. Das vergnügte Gelächter der Umstehenden holte ihn aus seiner Ver-

senkung, aber ich "beflüsterte" ihn sofort erneut - und prompt döste er mit geschlossenen Augen weiter vor sich hin.

Das Witzigste war aber, dass die Pferde in den anderen Boxen eifersüchtig wurden. Sie schienen mein leises Gespräch mit ihrem Kollegen als priviligierte Behandlung einzustufen und sahen nicht ein, dass nicht alle daran teilhaben sollten. So viel – auch - zu Pferden.

Nun wird man ja mit solchen "Begabungen" aus purem Wissenseifer manchmal übermütig.

Wir waren wie schon so oft in Dänemark und liefen auf dem Weg zum Strand immer an einer großen Weide vorbei. Auf dieser stand einsam und verlassen ein riesiger Bulle, bei dem einem schon vom Anschauen das Herz in die Hose rutschen konnte. Meine Familie passierte ihn auch flotten Schrittes, aber Karin musste natürlich nachdenklich stehen bleiben. Der Gatte rief streng: "Jetzt komm, der ist gefährlich!" Doch nun war mein Interesse endgültig geweckt. Würden meine liebevoll geraunten Reden bei diesem Bullen auch funktionieren? Die zunehmend strenger werdenden Aufforderungen meines Herrn Gemahl hörte ich gar nicht mehr. Die Welt bestand in diesen Minuten effektiv nur aus diesem Bullen und mir - er hatte es mir schlichtweg angetan.

Mit Flüstern war wegen der Entfernung natürlich nicht viel zu machen. Also rief ich ihn leise. Verdutzt drehte er zumindest seinen massigen Kopf mit den gewaltigen Hörnern in meine Richtung. Ich rief wieder und wieder, und glaubt es oder glaubt es nicht, der Bulle setzte seinen massigen Leib in Bewegung und wogte langsam in meine Richtung.

Die Stimme des Gatten, des nicht sehr mutigen, wurde um drei Oktaven höher, dabei stand er doch in sicherer Entfernung. Seine bereits panischen Anweisungen waren mir in dem Moment allerdings sowieso egal, denn ich musste es jetzt unbedingt wissen.

Meine Stimme wurde immer leiser, schließlich wollte ich das bestimmt menschenscheue Tier ja nicht erschrecken. Außerdem vermittelte der Zaun keine wirkliche Stabilität. Doch rechtzeitig vor dem Zaun blieb der Bulle stehen - und ich konnte ihn zwischen den Hörnern kraulen. Nebenbei flüsterte ich ihm noch ein paar Freundlichkeiten ins Ohr, die ältere Damen normalerweise von sich geben, wenn sie in Kinderwägen schauen. Er fand es toll, und ich fand mich mutig, okay, auch ein bisschen verrückt. Doch das war der Beweis für mich, dass ich in dieser Richtung offenbar eine Begabung habe. Irgendetwas muss ich richtig machen, wenn Pferde einschlafen und Bullen antraben und sich friedlich kraulen lassen.

Warum, zum Donnerwetter, klappt das eigentlich nie bei meinen Hunden????

Die Sache mit dem Besuch

Pflichtbesuche sind meistens höchst anstrengend. Eigentlich will man nicht, muss aber, weil sonst die sogenannten sozialen Kontakte aus dem Gleichgewicht geraten. Also begibt man sich innerlich stöhnend dort hin, sitzt die Stunden ab und ist danach heilfroh, den heimatlichen Hafen einigermaßen unbeschadet wieder ansteuern zu können.

Nicht anders war es oft bei uns. Erschwerend kam hinzu, dass wir reichlich unterschiedliche Einstellungen hatten, was die innere Uhr bzw. Pünktlichkeit betraf. Damals war ich also lange Zeit mit einem Gatten gesegnet, der automatisch und überall das "akade-mische Viertel" drauflegte, was da hieß, wir kamen immer, aber auch wirklich immer zu spät.

Bei Pflichtbesuchen dehnte sich dieses bewusste akademische Viertel unanständig weit aus, weil der Gatte der Gute halt keine Lust hatte und noch mehr trödelte als normalerweise schon.

Nun hatte der liebe Gott oder in dem Fall wohl das Straßenbauamt den Elbtunnel zwischen unseren

Wohnort und den des zu Besuchenden gelegt. Eine wundervolle Ausrede, so ein Stau im Elbtunnel. Dort ist tatsächlich fast ununterbrochen Stau, allerdings nicht, wenn wir fuhren. Aber behaupten konnte man es ja mal und darauf vertrauen, dass die andere Familie keine Verkehrsnachrichten gehört hatte. Doch selbst bei einer umfassenden Kenntnis von freien Straßen konnte man ja noch sagen, dass der Stau halt in dem Moment noch nicht gemeldet gewesen war. Ausreden gibt es wie Sand am Meer.

Doch eines Tages riss mir der Geduldsfaden. Unter Androhung sämtlicher Höllenstrafen sorgte ich dafür, dass wir die Voraussetzungen schafften, wenigstens dieses eine Mal pünktlich anzukommen. Im Elbtunnel war wie üblich kein Stau, was mein Gemahl sehr lästig fand, aber es war halt Sonntag. Schwungvoll fuhren wir auf die Minute in den Hof, parkten unser Auto und klingelten dann, unendlich stolz, es tatsächlich einmal zur vereinbarten Zeit geschafft zu haben. Speziell ich hatte ein breites Erfolgsgrinsen auf den Lippen, der Gatte der Gute eher weniger. Ich grinste also in heller Vorfreude – exakt bis zu der Sekunde, als die Tür aufgerissen wurde. Die Gastgeberin stand völlig verdattert im Unterkleid vor uns, weil sie wohl ihre Tochter erwartet hatte, und stammelte entsetzt: "Aber ihr seid doch sonst nie pünktlich!"

Von da an hatte der Elbtunnel wieder Stau, wann und so lange wir es wollten.

Die Sache mit dem Erdbeben

Vor einiger Zeit, okay, vor sehr langer Zeit, las ich einen Artikel in der Zeitung, dass man einen Reflex hätte, sich bei Gefahr erst einmal selbst in Sicherheit zu bringen. Das hielt ich selbstverständlich für ganz und gar unglaublich. Nie im Leben würde ich erst an mich selbst denken, das erschien mir absolut unmöglich. Eine Familie hatte eine solche schreckliche Situation sehr anschaulich geschildert, worauf in meinem Kopf Begriffe wie Rabeneltern, Jugendamt oder zumindest Polizei herumgeisterten. Meine Empörung kannte keine Grenzen. Das Kostbarste, nämlich die eigenen Kinder, einfach ihrem Schicksal zu überlassen, nur weil es im Haus irgendwo knallt, an so was würde ich nicht mal in meinen schlimmsten Alpträumen denken!

Eines Tages, die Kinder schliefen bereits tief und fest, mein Mann und ich saßen in der Küche und hatten eine mittlere Diskussion über Was-weiß-ich, halt etwas völlig Unwichtiges, als mir plötzlich schwindelig wurde. Ich klammerte mich am Tisch fest, um nicht vom Stuhl zu fallen, und röchelte nur noch: "Ich weiß nicht, was los ist, aber mir ist schrecklich schwindelig."

Mein Mann ließ sich selbstverständlich von seinen Argumenten nicht abbringen, schließlich war er gerade herrlich in Fahrt und beschied, dass ich lediglich ungute Schwingungen habe, die mir zu schaffen machten, weil ich so hartnäckig auf meinem Standpunkt beharrte. Mein Blick während dieser vorgebrachten These sprach Bände. Was er sagte, also der Blick, möchte ich hier lieber nicht in Worte fassen.

Vorsichtshalber hielt ich mich jetzt sowohl am Tisch als auch am Stuhl fest, als plötzlich die Lampe in heftige Schwingungen geriet. Daraufhin bestätigte mir der Gatte der Gute allen Ernstes, dass ich nun wahrhaftig ein schlechtes Karma - oder halt so etwas in der Richtung - hätte. Ich wiederum überlegte nun meinerseits allen Ernstes, ob ich vor lauter Rechthaberei oder schlechtem Karma oder so was tatsächlich Häuser zum Einsturz zu bringen konnte. Wie hypnotisiert starrte ich auf die pendelnde Lampe. Das Nächste, was bei mir ankam, war ein Schrei des nunmehr wieder normalen Gatten, der brüllte: "Ein Erdbeben!" Und blitzartig schossen wir aus dem Haus – ohne die Kinder!

Nach einer atemlosen Schrecksekunde erinnerte ich mich aber doch dann an den Nachwuchs. Wer nun alleine wieder ins Haus stürzte, um die bereits schlafenden Kinder aus den Betten zu scheuchen, brauche ich sicher nicht extra zu erwähnen.

In Norditalien, ca. 400 km entfernt, hatte es ein heftiges Erdbeben gegeben, und wir hatten die Ausläufer gespürt. Nun standen wir vier im Schlafanzug im Gar-ten und warteten darauf, dass das Haus knirschend in sich zusammensank. Gott sei Dank tat es das nicht.

In dieser Nacht schliefen wir ziemlich unruhig, und ich schwor mir, niemals mehr diesbezüglich die Nase über andere Eltern zu rümpfen – wenigstens so lange nicht, wie ich meine eigene schmähliche Reaktion in Erinnerung hatte.

Die Sache mit dem Fahrstuhl

Fahrstühle sind was Feines. Man erspart sich unnötigen Kalorienverbrauch und kommt bequem nach oben oder unten. Manchmal lernt man nette, manchmal weniger nette Leute kennen und ist letztendlich froh, wenn man binnen Kurzem dort anschwebt, wo man hin will.

Weniger lustig ist es, wenn man zu faul ist, ein einziges Stockwerk zu erklimmen, so wie ich vor ungefähr, nun ja, ein paar x-Jahren und dann stecken bleibt. Dass Bequemlichkeit derart bestraft wird, hatte ich nicht eingeplant. Natürlich hätte ich diese eine Treppe gut zu Fuß gehen können. Doch ich war so in Gedanken vertieft und gleichzeitig beschwingt, dass ich mir jegliche andere Bewegung ersparen wollte. Ich hatte nämlich kurz vorher jemanden kennengelernt, der eine der bekanntesten deutschen Sendungen im Fernsehen moderiert. Also einer, der das samstagabends zur besten Sendezeit tut. Wir wollen hier aber wirklich keine Namen nennen, nicht wahr. Also betrat ich den Fahrstuhl, der schon einige Macken hatte, war er doch mindestens fünfzig Jahre älter als ich. Ja, so was gibt es! Behäbig setzte er sich ächzend und rumpelnd in Bewegung. Eigentlich eine Frechheit, denn so viel wog ich nun auch wieder nicht. Dann ruckelte er kurz und kam oben zum Stehen. Mehr oder weniger elegant drückte ich mit ungebremster träumerischer Energie gegen die Tür - und prallte mit der Nase gegen dieselbige, weil sie sich nämlich nicht öffnete.

Ich zog, presste und zerrte, es tat sich aber nichts. Ich klopfte leise und versuchte ein zartes "Hallo", natürlich ohne Erfolg. Das war ja wirklich zu dämlich, da stand ich unsichtbar für die anderen in dieser Kiste, und draußen gingen die Leute vorbei. Durch einen Spalt konnte ich sie sehen, aber niemand schien den Wunsch zu haben, den Lift zu benutzen, geschweige denn, mich zu hören. Nicht erst seit damals frage ich mich, wo die Leute ihre Gedanken haben, wenn sie arbeiten.

Mein Rufen und Klopfen wurde nun stärker und ungeduldiger, und schließlich hämmerte ich wie eine Bekloppte gegen die Tür. Doch ich schien in einem luftleeren Raum gefangen zu sein - es tat sich nichts.

Dann konnte ich unseren Geschäftsführer vorbeigehen sehen. Nun endlich wird sich was tun, dachte ich hoffnungsfroh, dieser Mensch hat hier für alle die Sorgfaltspflicht, also wird er dich garantiert nicht verrotten lassen in diesem engen altersschwachen, nervenzermürbenden Ding. Aber auch dieser Herr kümmerte sich in diesem Moment gedanklich einem offenbar weitaus höher angesiedelten, für die Menschheit absolut wichtigeren Thema, das kein anderes Thema neben sich duldete. Er enteilte also geschäftsführermäßig in höhere, für mich keineswegs erreichbare Regionen - und bleierne Stille senkte sich nieder.

Jetzt polterte ich mit dem Fuß gegen die Tür, weil mich doch so langsam die Panik packte. Es war Freitag, und das Mobiltelefon lag noch im Entwicklungsstadium, sprich – es war noch nicht im Handel. Also konnte ich mir ausrechnen, dass ich bis Montagmorgen verhungert wäre, es sei denn, die Familie würde mich vermissen. Unglaublich, wie manchmal mit Mitarbeitern umgegangen wird. Warum vermisste mich **hier** niemand?!

Nach einer Weile hörte ich erneut jemanden die Treppe heraufkommen. Diesmal schmiss ich mich mit berserkerhafter Kraft gegen die Tür, brüllte dabei wie ein wütender Stier und - siehe da - , dieser Mitarbeiter vernahm tatsächlich mein unheimliches Flehen und holte erschreckt den Hausmeister, der mich kurz darauf befreite.

Und die Moral von der Geschicht'? Lass dich im Fahrstuhl einsperren, damit gewinnst du auf jeden Fall eine Extrapause – allerdings eine hart verdiente.

Die Sache mit der Anderen

Man weiß es ja sowieso, die Ehefrau erfährt es immer zuletzt! Wie sollte sie auch anders, wenn der Herr Gemahl nicht vor Ort arbeitet, sprich, nur am Wochenende daheim ist.

Zwei Tage lang kann man schon mal oskarverdächtig schauspielern und dann am Montag wieder zu der Anderen enteilen. Fünf Tage sind eben länger als zwei, eine ebenso leichte wie schlüssige Rechenaufgabe.

Hier jedoch beginnt genau das Drama: Die Ehefrau sitzt zu Hause, hütet Haus und Hof und alles was dazugehört - und wartet. Wartet auf Freitag, an dem ihr Liebster endlich wieder auf der Matte steht.

Auf der anderen Seite wartet aber ebenfalls jemand, und zwar von Freitagabend bis Montagfrüh. Meist ist die andere jünger und ungeduldiger, sie will schließlich nicht bis zum Ende ihrer Tage mit dieser blöden Warterei zubringen. Eine Ehefrau, weitaus geduldiger und des Wartens nicht müde, ahnt davon nichts. Ihr ist während vieler Jahre beigebracht worden, dass diese Warterei wegen Gelderwerbs die lästige, wenn auch pure Notwendigkeit ist. Der treusorgende Gatte ist ja ständig und überall dank des Handys zu erreichen. Früher war das anders. Wer einmal zu gewohnter Zeit nicht ans Telefon ging, war zumindest schon mal verdächtig. Zweimal telefonisch nicht erreichbar zu sein, zog definitiv eine genaue Befragung nach sich – und dreimal nicht am Telefon parat zu sein, grenzte in der Folge dann an ein inquisitorisches Verhör. Das Handy wiederum erschwert die Beweislage ungemein. Man stellt sich am anderen Ende dieses Telefons alles so vor, wie es sein soll, vor allem, wenn sich der stets bemühte Gatte ganz normal benimmt.

Was weder die nichts ahnende Ehefrau noch der treulose Gatte ahnen: Die Geliebte strickt emsig an einer sattsam bekannten "feindlichen Übernahme". Ihre persönlichen Aktien stehen ja schließlich gar nicht so schlecht. Sie muss die Gunst der Stunde nutzen - und lässt die Katze in einem Überraschungs-Coup aus dem Sack. Sie setzt Ultimaten, will nicht mehr warten, will alles, will ihn allein. Und der hin- und hergerissene Gatte kommt in starke Bedrängnis, fängt aber an zu rechnen, was ihm noch bliebe, wenn er tatsächlich, nur mal erst ins Unreine gesprochen, an eine Scheidung dächte.

Plötzlich nistet sich dieser kleine, noch unreife Gedanke in seinem vermutlich schon etwas unmöblierten Oberstübchen ein. So ganz entschlossen ist er noch nicht, aber die Idee als solche präsentiert sich ihm zunehmend verführerischer. Er bastelt sich immer mehr die Tatsache zurecht, dass ja die andere die Einzige ist, die ihn wirklich versteht. Die Ehefrau, die treue, hat ihn ja noch nie verstanden, oder? Und munter purzeln ihm seiner Geliebten gegenüber diese mühsam und langwierig erarbeiten Weisheiten direkt über die Lippen. In diesem Moment hat die andere gewonnen und bastelt nun eifrig an der Übernahme weiter, den bewussten Ring des "ewigen Vertrauens" und "der ewigen Liebe" fest im Blick.

Der Ehemann ist nun dermaßen in der Zwickmühle, dass er mit seiner Schauspielerei nachlässt, für die er früher sicher etliche Oskars gewonnen hätte. Nun werden der treuen Ehefrau abrupt die Augen geöffnet, die Katastrophe beginnt – und damit das Gezerre um alles Mögliche. Auf der einen Seite fallen lange und zeitweise durchaus glückliche Ehejahre und die Familie ins Gewicht, auf der anderen Seite lockt die Jugend. Tränen gibt es überall, allerdings meistens nicht auf der anderen, fremden Seite. Da ist Frohlocken angesagt.

Wie so was im Endeffekt ausgeht ist von Fall zu Fall verschieden. Wehtun wird es jedoch nicht nur der allein gebliebenen, verlassenen Ehefrau. Denn eines ist gewiss: Man kann auf dem Leid anderer nicht sein eigenes Glück aufbauen.

Die Sache mit der Figur

In unserem Haus gibt es Spiegel, mehrere, und ich habe Freundinnen, auch mehrere. Wenn also Spiegel und Freundinnen zusammentreffen, spielt sich oft Folgendes ab:

Ein prüfender Blick in den Spiegel, die Freundin erschrickt wie vor einem Alien und kreischt entsetzt: "O Gott, ich muss dringend was unternehmen, schau dir das an!" Sie nimmt ein klitzekleines Pölsterchen zwischen zwei zarte Finger und zeigt mir den Beweis ihres Grauens, das Grauen, gegen das sie dringend etwas unternehmen muss.

Ich stelle mich unübersehbar daneben, widme mich meinen weitaus umfangreicheren Röllchen, genauer gesagt, erwachsenen Rollen, und kann locker auftrumpfen: "Was jammerst du da eigentlich? Schau dir zum Vergleich nur mal meine an!" Jetzt gibt es bei der Freundin kein Halten mehr. "Na, das ist doch gar nichts – siehst du die hier bei mir und das Ding hier und überhaupt???!!!" Meine Antwort ist so ehrlich wie spontan: "Ich kann da gar nichts sehen, das bildest du dir alles bloß ein. Was soll ich denn sagen?! Da könnte ich mir doch gleich den Gnadenschuss geben wegen Fettleibigkeit!"

Wir schaukeln uns gegenseitig hoch. Die Freundin, die eindeutig schlanker ist, findet immer noch etwas, das bei ihr unbedingt entfernt oder begradigt werden muss. Ich erwidere, dass ein Schönheitschirurg an mir sowieso eine Ganzkörperkorrektur vornehmen könnte, also für alle Zeiten saniert wäre.

Am Schluss dieser tiefsinnigen Debatte beschließen wir einträchtig, ab sofort nichts mehr zu essen. Okay, oder halt nur noch kalorien- und fettfreies Gemüse. Ach, fühlen wir uns gut. Endlich, endlich ist der Durchbruch geschafft zu einem neuen, schlanken und gesunden Leben. Gut, dass wir uns bei einem gemeinsamen Frühstück gerade eben noch einmal richtig satt gegessen haben …

Haben Sie schon einmal Männer erlebt, die ein derartiges Theater machen? Ich nicht. Männer sind ständig und überall zu Höherem berufen und geben sich mit so profanen Dingen wie Problemzonen um die Hüften oder sonst wo erst gar nicht ab. Nein, Männer schauen in den Spiegel und entdecken Brad Pitt oder auch Richard Gere - egal wie alt, üppig gepolstert oder runzelig sie sind.

Aber ob ich deswegen ein Mann im nächsten Leben werden möchte … überlege ich mir noch.

Die Sache mit der Fliege

Eines Tages, ich war gerade mit der Zubereitung des Mittagessens beschäftigt, bekam ich plötzlich Besuch. Eine Fliege gesellte sich zu mir und umschwirrte erst einmal zur Begrüßung meinen Kopf. Nun haben bei mir Fliegen den Status gleich hinter Ameisen - man will sie nicht in der Küche haben. Also wedelte ich sie weg und kochte weiter. Sie setzte sich genau vor mir auf den Küchenschrank, blieb jedoch nicht ruhig dort kleben, sondern trippelte ständig auf und ab, kurzum, sie irritierte mich kolossal. Nach fünf Minuten und genau sieben Sekunden riss mein Geduldsfaden, und ich griff zur Fliegenpatsche.

Ich gebe es nur ungern zu, aber der Spruch "Sie tut keiner Fliege etwas zuleide", beschreibt meinen Charakter aufs Genaueste. Was mir im Moment jedoch herzlich egal war, ich war genervt. Die Fliege auch. Sie zeigte mir wohl einen Vogel, so genau konnte ich das mit meiner Kurzsichtigkeit nicht sehen, und setzte sich woanders hin. Ich schlug zu, sie war schneller. So langsam schwoll mir der Kamm, schließlich musste ich rechtzeitig die Familie abfüttern und sollte stattdessen nicht auf Kleintierjagd gehen. Nach einer halben Stunde hatte ich jede Ecke in der Küche einmal mit der Patsche getroffen, nur, Sie ahnen es schon, die Fliege nicht.

Weihnachten stand gerade vor der Tür, was sich nun in meine Gedanken kämpfte, mich zum Innehalten bewegte und mein Herz weit öffnete. Wenn jemand derart pfiffig um sein Leben kämpfte, konnte ich ihm sein Lebenslicht doch nicht einfach auspusten, gut, eher auspatschen. Esmeralda die Küchenmaus war gerade verschieden, ein neues Küchentier war sowieso fällig. Elefant war im Moment leider keiner zur Hand, also nahm ich die Fliege in einer Gedenksekunde feierlich in den Kreis unserer Familie auf und taufte sie auf den schönen Namen Jürgen.

Jürgen bedankte sich artig für die Taufe, indem er einfach nicht mehr nervte. Wahrscheinlich war er von dem permanenten Herumgehüpfe müde geworden und musste sich eine Weile ausruhen.

Von da an lebten Jürgen und ich einträchtig neben- und miteinander. War ich in der Küche, saß Jürgen in

Reichweite. Abends sahen wir zusammen fern. Jürgen saß direkt auf der Mattscheibe, sozusagen in der ersten Reihe. Wahrscheinlich war auch er kurzsichtig. Ich saß etwas weiter weg und schielte an Jürgen vorbei. Aber da er absolut bewegungslos auf dem Bildschirm verharrte, gewöhnte ich mich an ihn – er störte nicht weiter.

Weihnachten kam und die Familie ebenso. Als Erstes wurde jeder angewiesen, auf jeden Fall die Finger von Jürgen zu lassen. Die Söhne verdrehten die Augen und schielten zum Telefon. Ich wusste genau, wen sie anrufen wollten, nämlich die mit den bewussten langärmeligen weißen Jacken. Sie taten es nicht, weil sie die Verrücktheiten ihrer Mutter sowieso kannten und letztlich stets wohlwollend akzeptierten. Wir hatten ein gemütliches Weihnachtsfest. Jürgen auch, nur fernsehen durfte er an diesen Tagen nicht.

Die Familie fuhr nach den Feiertagen wieder nach Hause, ich plumpste aufs Sofa, direkt neben Lotta, einen meiner Kampfdackel, die bereits wie üblich auf ihrem Kissen saß, von dem sie sich nur zum Zwecke ihrer Mahlzeiten erhob.

Jürgen war es nach der ganzen Invasion und der damit verbundenen Vertreibung und Einsamkeit wohl langweilig geworden und er wollte sich wahrscheinlich nun gemütlich zu uns gesellen. So genau weiß ich das nicht. Auf jeden Fall hörte ich Lotta plötzlich nach etwas schnappen und dann genüsslich kauen.

Das war das Ende einer ungewöhnlichen Beziehung.

Als die Söhne anriefen, dass sie gut wieder zu Hause angekommen seien, verkündete ich mit Grabesstimme einen Trauerfall. Ob sie an dem Abend doch noch zum Telefon gegriffen haben, weiß ich nicht so genau. Offensichtlich habe ich aber noch einmal Glück gehabt.

Die Sache mit dem Führerschein

Wie sich mittlerweile herumgesprochen haben dürfte, fahre ich sehr gerne Auto. Doch was steht vor der Erlaubnis, das selbst tun zu dürfen? Klar, der Führerschein. Meine Fahrstunden und die Prüfungen sind schon etwas länger her, aber daran zu denken lässt mich immer noch breit grinsen.

Mein Fahrlehrer hieß Franz, und er hatte effektiv seine eigenen, leicht gewöhnungsbedürftigen Methoden, den Leuten das Fahren beizubringen. Als Erstes sagte er: "Du bist ja sicher schon mal gefahren" und fiel fast vom Glauben ab, als ich betreten den Kopf schüttelte. Schon rutschte ich auf der Intelligenzleiter ein paar Stufen hinunter. Er ließ mir netterweise noch den Motor an, erklärte kurz die Gänge und was ich mit der Kupplung zu tun hätte - und los ging es.

In dieser ersten Fahrstunde habe ich meine Sünden und die meiner Vorfahren insgesamt abgebüßt, denn dieser Mensch jagte mich Neuling mitten durch die Stadt. Zwar eine Kleinstadt, aber auf mich wirkte sie in dem Moment wie New York zur Rushhour. Nach 45

Minuten taumelte ich aus dem Fahrzeug und schwor mir, niemals, aber wirklich gar nie, never, für alle Zeiten, würde ich jemals wieder in so ein Gefährt steigen, also zumindest nicht auf der Fahrerseite.

Natürlich saß ich zwei Tage später wieder hinter jenem Lenkrad, und dann war es auch gar nicht mehr so schlimm, im Gegenteil - ich fand immer mehr Gefallen an dieser Art der Fortbewegung und drückte zunehmend mutiger aufs Gas.

Die Fahrstunden schritten voran, und ich zog es mittlerweile vor, barfuss zu fahren. Da muss wohl damals irgendein Auswuchs der Hippiebewegung bei mir angedockt haben, Blumen hatte ich aber keine um den Hals. Franz grinste, aber es war ihm egal. Zu diesen Zeiten hat man keine derart ausführlichen Fahrstunden gehabt wie heute, und auch meine Pflicht-Autobahnfahrt war reichlich kurz, eine Auffahrt rauf, Franz drückte auf seiner Seite aufs Gaspedal, ich kreischte wie verrückt und schon hatten wir die Autobahn hinter uns.

Die Prüfung nahte, und ich wurde angewiesen, nun endlich die Schuhe wieder anzuziehen. Das fiel mir reichlich schwer, weil ich mir einbildete, ohne Schuhe mehr Gefühl in meinem Gasfuß zu haben. Nachdem man mir ebenso dringend wie kategorisch klar machte, dass ich den Führerschein nur mit Schuhen absolvieren könne, beugte ich mich dieser strengen Verordnung.

Glücklicherweise neige ich überhaupt nicht zu Prüfungsangst. Der bewusste Tag war angebrochen, und Franz ließ seine Schützlinge alle noch einmal 10 Minuten fahren. Bei mir endete die Fahrt allerdings abrupt bereits nach 50 Metern, weil Franz mich anbrüllte, ich solle sofort anhalten. Aus meinen Augen quollen die Fragezeichen geradezu heraus, ich verstand gar nichts. Doch da ergoss sich schon eine Gardinenpredigt erster Sahne über mich. Ich war wieder einmal zu schnell gefahren. Franz fauchte: "Wenn du bei der Prüfung so fährst, kannst du gleich wieder aussteigen, der Prüfer ist ja nicht lebensmüde!"

Meine Körpergröße verringerte sich schlagartig auf die Hälfte, und ich schwor Stein und Bein, nie im Leben je wieder zu schnell zu fahren.

Die Theorie war schnell erledigt, und dann kam ich dran, aber da machten plötzlich meine Knie nicht mehr mit. Was im Klartext heißt, sie führten ein komplettes Eigenleben. Den Anschiss noch im Genick schlotterte ich wie Espenlaub und hegte gewaltige Zweifel, ob ich die ganze Angelegenheit überleben würde.

Die Frau, die vor mir dran gewesen war, stieg heulend aus, weil sie durchgefallen war, und ich wurde von Franz unsanft hinter das Steuer geschubst.

Nun ist ja eine Kleinstadt relativ übersichtlich. Der Prüfer ließ mich losfahren und dirigierte mich zielsicher auf eine große Kreuzung zu. Der einzigen in dieser Stadt übrigens. Natürlich wollte dieser Fiesling, dass ich links abbiege. Um der drohenden Katastrophe entgegenzusteuern, bretterte ich … ganz behutsam mit 30 durch die Stadt auf die Kreuzung zu, blinkte ordnungsgemäß und entdeckte, dass mir ein Radfahrer entgegenkam.

Alles kein Problem, beruhigte ich mich mantramäßig. Ich mobilisierte in aller gebotenen Eile mein gesamtes Linksabbiege-Wissen, fuhr höchst vorsichtig auf die Kreuzung zu, bremste und wartete. Der Radfahrer hatte dummerweise eine Steigung vor sich, und wie sich später, sehr viel später herausstellte, war er auch nicht mehr der Jüngste. Er quälte sich also mühsam den Berg hinauf, womit er mich in einen tiefen Gewissenskonflikt stürzte. Bog ich jetzt ab, würde mich der Prüfer eventuell sofort als durchgefallen abhaken, wartete ich, wäre es unter Umständen inzwischen Heiligabend, bis wir weiterfahren konnten. Eine Entscheidung musste her, die ich innerlich tief schnaufend fällte: Ich beschloss zu warten.

Wie hypnotisiert hingen meine Blicke an dem Radfahrer, deren Wirkung, er möge einen Zahn zulegen, den strampelnden Menschen vermutlich wegen der großen Entfernung jedoch nicht erreichten. Franz neben mir rang stumm die Hände, was mich aber nicht davon abhielt, geduldig zu warten. Und endlich, endlich hatte der Radfahrer den Berg erklommen. Ich ließ ihn vorschriftsmäßig passieren, verkniff mir gerade noch, ihn höflich zu grüßen, und konnte schließlich weiter mit nahezu halsbrecherischen 30 durch die Stadt schleichen.

Zurück bei der Fahrschule erklärte mir der Prüfer, defensiv zu fahren wäre ja schön und gut, aber was ich da vorgeführt hätte, wäre bei aller gebotenen Vorsicht wahrhaftig übertrieben. Hinter meinen Lidern versammelten sich schon die Tränen, ich ahnte, was nun kam - da unterschrieb der Prüfer und drückte mir den Schein feierlich in die Hand. Und Franz? Der brach in schallendes Gelächter aus und erklärte dem Prüfer: "Die hätten Sie mal bei den Fahrstunden erleben müssen!"

Das war der Anfang meiner Autofahrerkarriere. Mit der Übergabe des Führerscheins hatte sich auf der Stelle das Schleichen verflüchtigt, was heutzutage ab und zu ein Ticket nach sich zieht, aber ehrlich: Nur ab und zu.

Die Sache mit dem Geruch

Natürlich habe ich keine Ahnung, wie es bei Ihnen im Keller ausschaut. Aber bei mir ist es meistens nicht so superordentlich, pfui Karin. Da fliegt so manches schon mal in den Vorkeller mit dem festen Versprechen, morgen, ja, gleich morgen räume ich das weg.

Morgen scheint jedoch die Sonne, morgen muss ich in die Stadt, morgen habe ich keine Lust. Also liegt und liegt es und liegt. Allerdings nicht alleine. Denn auf diese Weise kommt eines zum anderen.

Nun muss ich aber immer an dem Sammelsurium vorbei, wenn ich in den Waschkeller möchte.

Eines Tages, als ich mich wieder einmal mit meinem Wäschekorb im Slalom an dem ganzen Gedöns vorbeischlängelte, wehte mir plötzlich eine eigenartige Brise um die Nase. Hm, merkwürdig. Vielleicht ein Zufall, man wird man ja nicht gleich ordentlich, bloß weil etwas mal ein bisschen riecht.

Einen Tag später, ich turnte wieder durch den Keller, weil ich seit Neuestem jeden Tag auf das dort be-findliche Trimmrad gehe, roch es schon eine Spur aufdringlicher. Langsam regten sich in meinen diversen Gehirnwindungen einige Verdachtsmomente. Wieder einen Tag später, ich schnüffelte bereits auf der Treppe wie ein Junkie, war klar, was da roch, um nicht zu sagen entsetzlich stank. Da hatte sich irgendein Tier verkrochen und das Zeitliche gesegnet. Igitt.

Meistens ist eine Frau von vornherein schon heldenhaft, wenn kein Mann im Haus ist. Ihr bleibt eh nichts anderes übrig. Aber ich hatte überhaupt keine Lust auf tote Tiere, geschweige denn auf eine größere Suchaktion. Hatte ich doch gerade erst drei Mäuschen aus den Lebendfallen geholt. Mein Bedarf für solche Transakationen war derzeit also mehr als gedeckt. So übte ich mich zwei weitere Tage im Luftanhalten, was sich als echt schwierig erwies, weil das Strampeln auf dem Trimmrad nicht ohne heftiges Atemholen zu absolvieren ist. Es nützte nichts, einen weiteren Tag später musste ich mich also auf Tauchstation begeben. Ich wartete ab, bis ich einen leeren Magen hatte, um mich nicht unnötig zu gefährden - und machte mich auf die Suche. Nebenbei räumte ich noch ein bisschen auf. Was auch den Vorteil hatte, dass ich die Richtung des Gestanks orten konnte. Es roch entsetzlich. Mir wurde aus allen möglichen Gründen reichlich schlecht, weil ich ja obendrein nicht wusste, was oder wer da sein Leben ausgehaucht hatte. Immer wieder sprach ich mir Mut zu, obwohl es sicher etwas Größeres sein musste – bei dem höllischen Gestank.

Und dann sah ich sie! Eine klitzekleine graue Maus hatte in einem Eimer ihr Leben ausgehaucht. Offensichtlich schon vor langer Zeit, sonst würde der Rest nicht derart geruchsintensiv sein.

Mund-zu-Mund-Beatmung brauchte ich also keine mehr vorzunehmen und auch keine Herzmassage. Sie bekam ein etwas pietätloses Grab in der Biotonne, und für etliche Zeit herrschte im Keller Dauerdurchzug. Erst danach konnte man da unten wieder unfallfrei durchatmen.

Die Sache mit dem Glück

Manchmal fühle ich mich wie in einer Achterbahn, obwohl ich da nie im Leben einsteigen würde, o Gott nein. Aber das Leben hält sich manchmal nicht daran, es entpuppt sich ganz von selbst als reinste Achterbahn - ob wir wollen oder nicht.

Gerade war da so ein Moment, nur ein paar Minuten, vielleicht Sekunden, wo ich eins war mit meinem Leben, zufrieden, glücklich. Alles war in Ordnung. So musste sich Glück anfühlen, ja, genau so. Ach ja, es war wundervoll, als es vorbeigeschaut hat.

Und gerade, als ich es mir so richtig gemütlich gemacht habe mit dem Glück, ist es wieder weg, einfach weg. Ein Anruf, ein Brief, eine lieblose Bemerkung - und schon ist es vorbei mit dem Gefühl des Glücks.

Wahrscheinlich lässt es sich gerade bei jemand anderem nieder. Was für denjenigen ja auch schön ist, ich gönne es ihm von Herzen. Fakt ist, dass es bei mir derzeit nicht mehr ist.

Ich ärgere mich, bin traurig, vielleicht sogar verzweifelt, wollte es doch eigentlich ein bisschen festhalten, es zum längeren Verweilen verlocken. Aber das Glück hat sich anders entschieden. Wahrscheinlich dachte es, einen Moment Glück pro Tag, pro Woche, vielleicht sogar nur im Monat, wäre ausreichend. Es sind schließlich so viele da, die ebenfalls etwas abhaben wollen vom Glückskuchen.

Kurz schüttele ich den Kopf, kämpfe mich durchs Leben und warte.

Warte auf den Augenblick, in dem es erneut bei mir Halt macht. Auf den Augenblick, an dem ich wieder an der Reihe bin. Wie lange das wohl diesmal dauern wird?

Oder sollte ich vielleicht besser mal mein Glück selber gestalten, nicht immer warten, bis irgendetwas von außen mir ein paar Glücksmomente beschert? Einen Versuch wäre es wert. Also brühe ich mir einen Kaffee auf, nehme mein Buch zur Hand, streichle die Hunde und stelle plötzlich fest: Es ist wieder da! Wie schön! Und was sagt mir das? Glück liegt in den kleinen Dingen.

Ich wünsche Ihnen von Herzen wenigstens einen Glücksmoment für den heutigen und alle übrigen Tage.

Die Sache mit dem GPS

Autofahren ist was Schönes, meistens jedenfalls. Man kommt schnell von hier nach da, kann anhalten, wann und wo man will und wenn man mal muss. Es sei denn man steht im Elbtunnel oder irgendeinem anderen Tunnel. Dann sollte man besser nicht müssen müssen. Aber ich fahre ganz gerne Auto.

Nun war es ja vor den schon oft zitierten hundert Jahren ganz anders. Der Autofahrer wollte von A nach B, was da hieß, eine Karte musste her. Er schaute sich das Zielgebiet genau an, versuchte sich die Strecke einzuprägen, wenn er keinen Beifahrer hatte, und musste trotzdem ab und zu anhalten, um den Verlauf der Strecke erneut in Augenschein zu nehmen. Damals konnte man halt noch anhalten wo man wollte, es fuhren ja nicht so viele Autos. Heute ist es gesünder erst anzuhalten, wenn man das Ziel erreicht hat, sonst gibt es nicht nur unweigerlich einen Stau, sondern man gefährdet sich und andere.

Hier heißt es übrigens absichtlich "er", weil "sie" damals eher wenig Auto gefahren ist. Das nahm erst die letzten

Jahrzehnte zu, sehr zum Leidwesen mancher Herren der Schöpfung.

Heutzutage muss das Gehirn nicht mit langweiligen Streckenabschnitten gefüttert werden. Stattdessen schmeißt man seinen Computer an, lässt sich die Strecke ausdrucken und hofft, gleichzeitiges Lesen und Fahren auf die Reihe zu kriegen. Das ist eine Möglichkeit.

Die andere Möglichkeit heißt GPS. Mein Auto war gebraucht, als ich es erstanden habe, und zu meinem Glück und Vergnügen hat es allerhand Schnickschnack, unter anderem ein Tempomat und ein GPS. Nun ist nicht nur das Auto etwas älter, sondern auch die CD für das Navigationsgerät, und ich bin zu sparsam, eine neue zu kaufen. Zur Not könnte man ja noch das Gehirn benutzen. Aber ich gebe es zu, bequem ist so ein Navi schon.

Mein Auto hat ganz im Gegensatz zu früher, als die Fahrzeuge noch zur Familie gehörten und Fritz oder Otto hießen, keinen Namen. Nur wenn es mal wieder nicht anspringen will, heißt es "Mistkiste". Aber mein GPS hat einen Namen, nämlich Olga. Bei mir heißt sie

Olga, warum auch immer. Also Olga und ich sind ein eingespieltes Team. Ich fahre, und sie erzählt mir in stets gleichbleibendem Ton, dass ich schon wieder falsch bin. Ebenso verbittert wie höflich weist sie mich auf der Autobahn streng an: "Bei nächster Gelegenheit bitte wenden." Okay, auf der Autobahn zu wenden, würden Olga und mir nicht gut bekommen, also übernehme ich für sie das Denken und fahre stur weiter geradeaus. Was Olga überhaupt nicht gefällt. Von der Hektik nicht mehr fern rät sie empört und felsenfest: "Bitte wenden, bitte wenden!" Ich könnte Olga jetzt natürlich die Luft abdrehen, aber nachdem sich gerade sonst niemand mit mir unterhält, bleibt Olga meine Gesprächspartnerin.

Nach dem dritten "Bitte wenden, bitte wenden", gibt sie auf und lässt mich für zwanzig Kilometer in Ruhe. Und plötzlich, ich bin gerade wie so häufig auf der linken Spur, schreit sie mich an: "Sofort links abbiegen!" Links wäre ich ja gerade, aber abbiegen???? Mittlerweile fühle ich mich unangenehm beobachtet, Big brother is watching you. Ja sieht Olga denn nicht, wo ich hinfahre? Nee, sieht sie nicht, die Autobahnen in den neuen Bundesländern kennt sie nämlich nicht. Jetzt wird es mir echt zu blöd, und ich schalte ab, den Rest des Weges finde ich in herrlicher Ruhe auch ohne Olga. Das hat sie nun davon, darf sie halt nicht mit in den Urlaub. So lernt sie natürlich nie was Neues. Gut, die neuen Bundesländer hat dieses kleine Satellitengehirn noch nicht drin, aber Hannover? Diese Stadt sollte doch selbst ihr ein Begriff sein.

Mein Glaube an die Technik verflüchtigte sich nämlich just in dem Moment, als ich eingegeben hatte, mich nach Hause zu geleiten und ich in der einsamsten Gegend von Hannover mitten auf einer Brücke plötzlich höre: "Sie haben Ihr Ziel erreicht!" Wie jetzt? In Hannover wohne ich keinesfalls, das war auch nicht die Zieladresse. Auf einer Brücke wohne ich schon gar nicht, auch nicht unter einer. Verdutzt schaltete ich die geschwätzige Olga ab und suchte mir mühsam meinen Weg in zivilere Gegenden, in denen man zumindest in richtigen Häusern wohnt.

Seitdem traue ich Olga nicht mehr recht über den Weg und fahre meistens ohne sie. Und wenn ich mich gar nicht mehr auskenne, frage ich halt. So geht es, wenn man ungezogen ist, muß man in seinem Satelliten bleiben.

Die Sache mit den Gutscheinen

Jeder von uns kennt es: Ein Geburtstag naht, eine Hochzeit oder Weihnachten, und es herrscht wieder einmal gähnende Leere im Kopf. Die Ideenabteilung unseres Gehirns leistet sich just einen ausgiebigen Urlaub, es fällt einem also kein passendes Geschenk ein.

Die andere Tatsache kann sein, dass der zu Beschenkende schon alles hat. Was bei älteren Herrschaften häufig der Fall ist. Meistens wird man sogar streng darauf hingewiesen, dass man auf keinen Fall irgendetwas braucht. An dieser harten Nuss kann man endlos kauen.

Doch in diesem Moment wird die Abteilung "Was schenke ich einem, der schon alles hat" unseres Gehirns munter und sendet uns das Signal "Gutschein". Eine Super-Idee. Mit einem Gutschein liegen wir immer richtig. Also flitzt man zum nächsten Geschäft. Wenn man in der Stadt wohnt, ist die Auswahl natürlich größer. Auf dem Dorf wird das Angebot etwas übersichtlicher. Hurtig eilt man, na ja, wohl eher frau, in einen Buch- oder Blumenladen oder ähnliches und lässt sich einen Gutschein ausstellen. Der wird dann feierlich überreicht, und schon ist jeder zufrieden.

Aber, und das darf hier auf gar keinen Fall vergessen werden, es gibt ja auch Gutscheine, die man nicht kauft, sondern selber ausstellt, schön verziert, dem Anlass angemessen. Oder man geht ins nächste Geschäft, erwirbt eine fertige Karte und füllt diese dann nur noch aus.

Und damit fängt das eigentliche Problem an. Diese Art der Gutscheine führen oftmals ein merkwürdiges Dasein. Man speichert sie im Gehirn ab, legt sie auf die Seite, liest erst einmal das Buch, welches man zeitgleich bekommen hat, packt hinterher die gesamte Post und alte Zeitungen drauf - und futsch ist er, der Gutschein.

Der Berg wird höher, der Gutschein ist sprachlos und kann leider nicht rufen "Ich harre deiner". Das Gehirn hat sich bereits wieder frei genommen - und schon ist die ganze Angelegenheit vergessen. Bis man irgendwann von einem seltenen Aufräumwahn befallen wird. Mit allen möglichen anderen, eigentlich gar nicht vermissten Dingen, taucht auch er wieder auf, der Gutschein.

Und nun passiert Folgendes: Man legt ihn zu den anderen, die man schon letztes Weihnachten, vor einem Jahr oder gar zur Konfirmation bekommen hat, und beschließt, in Kürze dieses Wellnesswochenende einzulösen. Diese Woche geht es zwar nicht, nächste Woche kommt Tante Else, und übernächste Woche ist kein Termin frei. Doch irgendwann wird ... er abermals vergessen, der Gutschein.

Nicht umsonst hat sich unsere Regierung zu einer Gesetzesänderung durchgerungen, die Gutscheinen eine längere Lebensdauer beschert als bisher.

Wahrscheinlich hat sich bei den Damen und Herren Abgeordneten ebenfalls so Diverses angehäuft, was sie nach einiger Zeit unter all den Gesetzesstapeln gefunden haben.

Ich beschließe nun, die Sache endgültig anzugehen, so verfährt man doch wirklich nicht mit gut gemeinten Geschenken. Als Erstes fällt mir der Gutschein für ein Frühstück mit der Freundin in die Hände, den wir mindestens schon fünfmal abgefrühstückt haben. Was heißt: Ablage Müll.

Ach herrje, da liegt ja noch glatt einer zu einem Essen in ein Steakhouse. Weg damit, inzwischen bin ich Vegetarierin. Dann findet sich ein Gutschein für ein Geschenk meiner Wahl in Höhe von DM 100,--. Na toll, die Deutsche Mark gibt es seit einer geraumen Weile nicht mehr - und den spendablen Spender auch nicht.

Der absolute Oberhammer für diesen unglaublichen Gutschein-Reigen ist aber ein Gutschein für einen Tanzkurs, der sogar schon bezahlt ist. Nur ist mir in dem Fall leider der Mittänzer abhanden gekommen. Vielleicht finde ich ja jemand anderen, der noch einmal Tango tanzen lernen oder auffrischen möchte. Praktisch wäre, wenn er dazu einen Motorbootführerschein hätte. Für diese Kenntnis besteht nämlich ebenfalls Bedarf. Das Boot wäre vorhanden.

Tanzen alleine ist blöd, vor allem Tango. Aber ich könnte eventuell bei den Kindern mal nachfragen, ob sie mir bei nächster Gelegenheit nicht einen Gutschein für das Erlangen eines Boot-Führerscheins schenken möchten. Den würde ich herzlich gerne sofort einlösen, keine Frage!

Die Sache mit der Heckenschere

Ich gebe es nur ungern zu, aber zu meiner Hecken-schere habe ich ein besonderes Verhältnis. Man könnte es fast schon eine Beziehung nennen. Wir kommu-nizieren ständig.

So auch neulich, nachdem es nach dem Urlaub im Garten mal wieder ausschaute wie bei Hempels unterm Sofa. Mit ein bisschen elegantem Rumzupfen konnte man da nichts mehr ausrichten, also griff ich zur elektrischen Heckenschere. Und schon sprang die Kommunikation, sozusagen auf geistiger Ebene, an.

In dem Moment, als ich noch dachte ‚Du musst auf-passen, so nah am Boden, dass du nicht das Kabel durchschneidest', machte es auch schon "plopp", so als ob ein Profi-Gangster mit einem Schalldämpfer schießt.

Diese Kenntnis habe ich natürlich aus dem Fernsehen. Doch weil ich ziemlich sicher war, dass hier mit keiner üblen Mafia-Vendetta zu rechnen war, weder mit noch ohne Schalldämpfer, musste dieses Geräusch etwas anderes bedeuten. Nach dem besagten "Plopp" trat dann auch eine mir sattsam bekannte Stille ein, der jedoch umgehend ein deftiger, mehrfacher Fluch meinerseits folgte, klar, dem allseits bekannten Wörtchen mit "Sch". Denn es war das passiert, was ich besonders schätzte: Zum ich weiß nicht wievielten Mal hatte ich das Kabel durchgeschnitten. Also nahm ich den Stecker aus der Hauswand, stiefelte in den Keller und schaltete die Sicherung wieder ein, die mir nach etlichen gleichen Erlebnissen dieser Art schon sehr vertraut war.

Nachdem hier wieder einmal kein männliches Wesen zur Hand war, mußte ich wohl oder übel selber ran.

Als Erstes holte ich alles, was ich brauchte: also Feinmechanikerwerkzeug, ein Messer, einen größeren Schraubenzieher, den Akkuschrauber und meinen Fotoapparat. Wie jetzt Fotopparat? Ja, Adlerauge sei wachsam, weil ich ja immer vergesse, was wohin gehört, machte ich ein Foto von dem offenen Stecker. Dann schraubte ich weiter alles auseinander und begab mich an die Feinarbeiten, die Digitalkamera mit dem Foto stets fest im Blick. Nun bin ich feinmotorisch etwas grob gestrickt, meine Arme sind außerdem für meine

Sehstärke zu kurz geworden. Will sagen, jetzt wusste ich durch das Foto zwar, wo die einzelnen Drähte hin sollten, aber ich bekam sie einfach nicht unter diese winzigen Schrauben. Begehrlich schielte ich aufs Nachbargrundstück, ob mein geschickter Nachbar greifbar war – aber wie üblich in solchen Situationen, war kein Leben in Sicht. Also entschied ich mich, erst einmal "cool zu downen", ich gönnte mir eine Tasse heißen, beruhigenden Kaffee.

Mit mehr Zuversicht als vorher wagte ich mich dann an einen neuen Versuch - und siehe da, irgendwann, kurz vor Anbruch der Dunkelheit, hatte ich alle Drähte dort, wo sie hingehörten, und das Kabel samt dem Stecker sah wie neu aus. Den Probelauf bestand die ganze Angelegenheit ebenfalls. Nun war ich einesteils stolz auf mich, anderenteils biss ich mir selbst ein Monogramm in den Bauch, dass ich es halt wieder einmal geschafft hatte, einen Tag mit Schadensbegrenzung vertrödeln zu müssen. Jetzt hieß es für die nächsten Tage, arbeitsmäßig den Turbo anzuwerfen, aber wenigstens warten noch zehn Meter Kabel auf mich. Da kann ich noch eine Weile abschneiden. Es ist keine

Übertreibung, wenn ich zugebe, an den Tasten geschickter zu sein als beim Erkunden und Begreifen der Elektrizität inklusive deren Reparaturen.

Die Sache mit dem Herzinfarkt

Es ist immer das Gleiche - kaum war ich irgendwo neu hinzugezogen, was in meinem Leben wirklich reichlich passiert ist, musste ich aus irgendeinem Grund das örtliche Krankenhaus aufsuchen. So auch an meinem derzeitigen Wohnort, vor nunmehr elf Jahren.

Tagelang hatte ich Möbel und sonstige Einrichtungsgegenstände geschleppt und gerückt, ich hatte geräumt, geschraubt und gehämmert, als plötzlich heftige Schmerzen durch meine linke Brustseite und den Arm schossen. Sofort verfiel ich in Panik. Das konnte nur ein Herzinfarkt sein!

Glücklicherweise kam kurz nach dem Auftreten der Symptome, also am frühen Abend, der Gatte nach Hause, den ich natürlich von der Couch aus sofort nach einem Arzt anröchelte. Die Anzeichen waren tatsächlich alarmierend, und mein Mann rief den Notarzt, der auch blitzartig mit Blaulicht und Signalhorn angefahren kam.

Mittlerweile hatte ich mich schon wieder in eine aufrechte Position gebracht. Der Arzt schaute mich an, meinte, er glaube nicht, dass es ein Infarkt wäre, aber ich müsste auf jeden Fall ins Krankenhaus, man sollte das ausschließen.

Ich wehrte mich erst mal verbal mit Händen und Füßen, was den Doktor aber in keinster Weise beeindruckte. Lapidar meinte er: "Kein Problem, Sie unterschreiben mir das, und ich bin wieder weg!"

In dem Moment mobilisierte sich mein Oberstübchen, und ganz schüchtern rührte sich ein kleiner Überlebenswille, der mir riet, besser den Rat des Arztes – ab ins Krankenhaus - zu befolgen. Doch schon kam das nächste Problem auf mich zu.

Jahrelang habe ich meiner Familie gepredigt: Leute achtet darauf, was ihr anzieht, ganz plötzlich müsst ihr vielleicht mal ins Krankenhaus - und wie sieht das dann aus, wenn ihr Löcher in den Socken oder schmuddelige Unterwäsche anhabt oder sonstige schreckliche Dinge.

Sie ahnen es sicher schon, meine teure Spitzenunterwäsche lag in einer Schublade im oberen Stockwerk. Ich war natürlich sauber und ordentlich bekleidet, dass mir da keine andere Idee aufkommt, aber zu diesem wichtigen Krankenhaustermin hätte ich denn doch lieber etwas Dekorativeres angehabt.

Auf meine vorsichtige Anfrage beim Doktor, ob ich vielleicht noch einmal nach oben gehen könnte, kam nur ein energisches Kopfschütteln. Also keine Deko-Unterwäsche. Jetzt konnte ich nur noch hoffen, dass im Krankenhaus nicht gerade ein junger, attraktiver Arzt Dienst tat, das wäre mir sehr peinlich gewesen. Denn wann bemüht sich in meinem Alter schon mal ein junger Mann um einen? Wenigstens hätte ich ihm eine dekorative Ansicht gegönnt.

Der Notarzt ließ sich ebenso wenig von einer Morphiumspritze abhalten, er spielte auf mein Maulen hin erneut die Platte "Wenn Sie mir das unterschreiben" ab. Keine Spitzenunterwäsche und obendrein noch Morphium! Als ich dann endlich im Krankenwagen lag, schoss mir dieses Zeug dermaßen in den Kopf, dass ich auf der Fahrt recht lustig wurde und dem Sanitäter voller Überzeugung erklärte: "Diese Rallye gewinnen wir!"

Im Krankenhaus war weit und breit – für mich in dem Fall glücklicherweise - kein junger Mann zu sehen, und es stellte sich heraus, dass ich mitnichten einen Herz-infarkt hatte, sondern wahrscheinlich irgendetwas mit dem Rücken. Allerdings behielten sie mich sicherheitshalber eine Nacht auf der Intensivstation. Da lag ich nun in trauter Zweisamkeit mit einem Junky auf Entzug, dessen Bett so spärlich verhängt war, dass mir ab und zu sein wild umherhüpfender Schniedelwitz entgegenblitzte. Aber als reifere Frau hat man doch so hin und wieder einen nackten Mann gesehen - das beeindruckte mich also nicht wirklich.

Am nächsten Tag durfte ich wieder am normalen Leben teilnehmen, was im Klartext hieß, das Morphium auszuschlafen. Allerdings vergingen noch weitere Stunden bis sich nicht nur das Morphium verflüchtigt hatte, sondern ich auch den Hund beruhigt hatte, der nun seinerseits von der ganzen Aufregung fast eine Herzattacke erlitt.

Eine Lehre habe ich aus der ganzen Sache gezogen: Ich sollte nach Möglichkeit nicht mehr so oft umziehen – solche Anstrengungen sind ja nervenaufreibend.

Die Sache mit den Kindern

Es gibt in unserem Alter viele Elternpaare, bei denen die Kinder schon aus dem Haus sind.

Beim ersten Kind, das bei uns auszog, habe ich noch drei Tage geheult, so traurig war ich. Beim zweiten packte mich zwar auch noch eine Heulrunde, aber ein bisschen hatte ich mich an diese Abschiede bereits gewöhnt. Beim dritten Sohn jedoch, der ein Nachzügler ist, durfte ich wieder von vorne anfangen mit der Heulerei. Das ist garantiert legitim.

Es ist nun allerdings eine ebenso nervige wie platzraubende Tatsache, dass die Sprösslinge aus lauter Mitleid, dass ja nun die Eltern einsam und traurig zurückgeblieben sind, nur das Nötigste mitnehmen. Sie vermissen nichts – und ihre Eltern haben kuschelige Erinnerungsstücke an sie. Meinen sie. Und wundern sich, wenn die Mutter sehr streng, aber vorsichtshalber mehrfach verkündet: "Wenn du deinen Kram nicht bald mitnimmst, entsorge ich ihn!"

Mit gequältem Gesichtsausdruck wird die kleine Studentenbude erwähnt, in der nun wahrhaftig kein

Platz für drei Säcke voller Stofftiere ist. Zum Gitarre spielen hat man auch keine Zeit mehr, man muss ja lernen, also verfallen zwei Gitarren samt Verstärker in hiesigen Dauerschlaf. Das wäre ja alles noch einigermaßen übersichtlich.

Aber was soll ich mit der Kiste voller alter kaputter Autos anfangen? Von den Legostein-Batterien ganz zu schweigen, und das Gummi-Dino-Alter ist auch schon eine Weile vorbei. Stirnrunzelnd blicke ich also weiterhin auf die üppige Hinterlassenschaft der geliebten Ableger und knirsche mit den Zähnen. Wäre ich ein Hund, könnte ich wenigstens zum Wadenbeißer mutieren. Aber allein die körperlichen Verrenkungen dafür wären zu viel des Guten.

Kann man die von den Kindern selbst gebastelten Bilder und Handarbeiten, die damals mit so viel Liebe angefertigt wurden, einfach wegschmeißen? Ich behaupte mal kühn, man kann. Jedoch nur, wenn es die "erwachsenen Großen" nicht sehen. Sie erinnern sich zwar garantiert nicht mehr an ihre Werke, wenn sie aber ihre Kunst kurz vor dem endgültigen Exitus sehen, wird sofort heftig protestiert.

Also muss man die Aktion im Verborgenen durchführen.

Ich stieß auf riesige Ansammlungen von Steinen, auf Stickersammlungen, auf unzählige kleine Wimpel, eine Menge herrenloser winziger Spielauto-Räder, ein Plastikmesser, eine kleine Plastikpistole, ja sogar ein Haufen zerfledderter Indianerfedern und eine Stirntaschenlampe fanden sich an - und so einiges Unappetitliche mehr. Natürlich alles in einer riesigen Kiste zwischen uralten Kekskrümeln, vermutlich deshalb, damit man schon beim Hinsehen die Nerven und die Lust zum Aufräumen verliert.

Natürlich wäre es einfacher (und teurer) gewesen, einen Container zu bestellen und alles unwiderruflich im hohen Bogen reinzuschmeißen.

Doch bei aller Aufräum-Energie: Das schaffte mein Mutterherz dann natürlich auch nicht. Möglicherweise war ja irgendetwas Wichtiges dabei. Also schaute ich wenigstens in jede Kiste einmal hinein, kramte ein bisschen drin rum und verabschiedete mich auf meine Weise davon, nämlich mit einem Dauer-Kopfschütteln. Anschließend landete der Krempel vollständig in unserer Mülltonne. Und ich gestehe – nicht einmal ein schlechtes Gewissen plagte mich. Ich schnaufte nur tief durch und freute mich über die Ordnung, die nun in den verwaisten Zimmern herrschte.

Nachdem ich das geschafft hatte, muss ich nur noch die Bilder von Tante Erna und Onkel Willibald aussortieren, die mir meine Mutter hinterlassen hat. Dann blicke ich vielleicht mal wieder durch.

Doch die Moral von der Geschicht': Eltern seid nett zu Euren Kindern, sie suchen Euer Altersheim aus.

Die Sache mit den Klamotten

Männer sollten diesen Artikel vielleicht besser nicht lesen, denn er geht in die tiefsten Tiefen der weiblichen Seele, und da wollen Männer meist gar nicht hinsehen, soviel steht fest.

Wie vermutlich jedes weibliche Wesen bestätigen kann, lieben wir Klamotten heiß und innig. Und es gibt nichts therapeutisch Hochwertigeres, als einen Frustkauf zu tätigen - egal, ob es jetzt die 17. Hose in der gleichen Farbe ist oder das 84. Paar Schuhe. Wenn ein Frustkauf fällig ist, dann muss er durchgezogen werden. Koste es, was es wolle. Basta.

Andererseits darf man nicht verschweigen, dass diese Frustkäufe etwas Besonderes, nämlich Geheimnis-volles sind – sie führen ganz eindeutig ein Eigenleben.

Bei mir läuft das meistens folgendermaßen ab: Ist ein Frustkauf getätigt, gehe ich beschwingten Schrittes zurück zu meinem Auto, freue mich wie Bolle über diesen herrlichen, manchmal auch günstigen Einkauf, und mein Allgemeinzustand hat sich schlagartig ge-bessert. Alles, was mich vorher geärgert hat, ist völlig

belanglos geworden angesichts der neuen Hose oder
was immer es ist. Vergnügt fahre ich nach Hause und
werfe mich sofort erneut in das gute Stück, um nun
diese hinreißende Création vor dem heimischen Spiegel ausgiebig zu genießen. Und da beginnen übergangslos diese höchst seltsamen Schwierigkeiten.

Irgendwie habe ich in der Umkleidekabine anders,
sprich, besser ausgesehen. Die Farbe hat sich zudem
gravierend verändert. Was natürlich beides an deren
schummrigem Laden-Licht liegen kann. Aber wo kommt
dieses widerliche Fettpölsterchen her? Das war doch
vorher eindeutig nicht vorhanden. Ich wirkte gerten-
schlank in der neuen Errungenschaft, also zumindest
im Geschäft. Jetzt habe ich eher frappierende Ähn-
lichkeit mit einer deformierten Leberwurst. Also das
geht ja nun gar nicht. Doch zurückfahren, das gute
Stück umtauschen, das Geld zurückbekommen und
den dort gelassenen Frust auch gleich wieder in
Empfang nehmen? Nein, ganz gewiss, nein! Das
unfreundliche Kleidungsstück wird in den Schrank
gehängt und erst einmal mit Nichtachtung gestraft. Pah,
was mir nicht richtig passt und gefällt, darf halt nicht

meinen Körper schmücken. Das hat das Teil nun davon.

Und schon ist der Selbstgänger programmiert. Abends vor dem Kleiderschrank – bei mir ist das abends, weil ich mir immer schon meine Sachen für den nächsten Tag herrichte, damit ich morgens die Augen noch eine Weile länger geschlossen halten kann -, werden die Bügel unschlüssig hin- und hergeschoben. Was könnte man anziehen, wonach wird mir morgen früh sein? Un-auffällig hat sich auf der rechten Seite ein Stau gebildet von Sachen, die nicht mehr so recht passen, überhaupt nicht passen oder eventuell nach einem Pfündchen Gewichtsabnahme wieder passen könnten. Die linke Seite ist recht übersichtlich, was logischer-weise einen Frustkauf geradezu heranzüchtet.

Wobei einen so ein überfüllter Kleiderschrank sowohl leicht nervös als auch ungeduldig werden lässt, denn man kann so schlecht die Ausrede "Ich habe nichts an-zuziehen" verwenden. Was obendrein eigentlich auch gegen jeglichen Neuerwerb spricht.

Der nächste Schritt wird also in die Wege geleitet. Ich organisiere mir entweder einen Karton, eine große Tüte oder einen Koffer - und verstaue darin den gesamten fragwürdigen Klamottenberg. Aus den Augen, aus dem Sinn. Jetzt ist wundervoll Platz für was Neues. Die Auswahl für den nächsten Morgen fällt auch nicht mehr schwer, weil ja ausnahmsweise alles passt, was im Schrank hängt.

Wer jetzt denkt, Ende der Geschichte, irrt gewaltig. Denn diese Tüten, Kartons oder Koffer sind ja nur aus dem Blickfeld verschwunden. Denn wer wird so verschwenderisch sein und alles gleich wegschmeißen? Etwa ein Jahr später – meine Finanzen sind gerade etwas rachitisch - erinnere ich mich: Du hattest da doch diese blaue Hose, die würde jetzt gut zu dem gelben Blazer passen.

Ja, genau – das müssen wir unbedingt sofort ausprobieren.

Also wandre ich in den Keller und fische mit viel Geduld von den mittlerweile sieben Kartons (zumindest weiß ich, dass diese Hose in einem Karton und nicht in einem Koffer gelandet ist) den richtigen heraus.

Es ist wie Weihnachten. Große Überraschung: Ach, das gibt es auch noch! Na, daran habe ich ja gar nicht mehr gedacht! Das könnte ich doch jetzt mal anprobieren, sieht alles nämlich irgendwie gut und passend aus. Aber nein, rufe ich mich zur Ordnung, ich brauche ja dringend die blaue Hose. Nach gut einer Stunde und einigen begeisterten Seufzern, habe ich sie gefunden, die blaue Hose. Ordentlich staple ich erst noch die ganzen Kartons zurück auf ihren Platz und marschiere dann hoffnungsfroh nach oben. Vor dem Spiegel probiere ich sie an. Na klar, zu eng. Also kommt sie in die Warteschleife - auf einen Bügel. Und bei mir gibt es ab sofort nur noch Knäckebrot und Hüttenkäse.

Zwei Tage später denke ich nicht mehr an die blaue Hose, dafür aber an einen besonders schönen schwarzen Pullover. Weshalb hab ich den eigentlich ausgemustert? Also erneut ab in den Keller, die Kartons durchgewühlt, den Pullover gefunden, wieder nach oben geklettert, das begehrenswerte Teil angezogen und festgestellt, dass es eklig kratzt. Diese Wanderungen finden bei mir so lange statt, bis sich die rechte Hälfte des Schrankes wieder unangenehm gefüllt hat. Was über den Daumen gepeilt ein paar Wochen dauert. Und dann geht alles von vorne los.

Aber ehe mir nun jemand vorwirft, ich hätte nicht nur eine, sondern mehrere Schrauben locker, muss ich zu meiner Verteidigung erwähnen, dass erstens ab und zu tatsächlich eines der Kleidungsstücke passt und ich dann total glücklich damit bin. Möglicherweise nur für einen Tag, aber immerhin. Danach wandert es wieder, Sie wissen schon wohin. Und zweitens schaffe ich es, nach spätestens zwei bis drei Jahren den großen Rundumschlag zu starten. Dann wird alles in einen Sack gestopft und endgültig entsorgt bzw. an die dazu passenden Frauen verteilt. Das Ganze könnte man mit einigem Wohlwollen einen gelungenen Kreislauf nennen, okay, oder so was Ähnliches.

~ 99 ~

Die Sache mit dem Klassentreffen

Jeder kennt es. Von Zeit zu Zeit fällt irgendwem aus längst vergangenen Schuljahren ein, dass ein Klassentreffen eine feine Sache sein könnte. Meist nach 10, 20 oder noch mehr Jahren.

Also segelt ein Brief mit der dement-sprechenden Aufforderung an. Oder jemand erledigt die Einladung per Telefon, an so einem Treffen unbedingt teilzunehmen.

Bei mir trudelte so ein Schreiben nach einer seltsam krummen Zahl, nämlich nach 18 Jahren, rein. Na gut, dachte ich, warum nicht? Alle mal wieder zu sehen ist bestimmt sowohl interessant als auch lustig.

Selbstverständlich, jedes weibliche Wesen wird höchst verständnisvoll nicken, waren für solch ein bedeutendes und brisantes Treffen diverse Schönheits-Vorbereitungen lebenswichtig. Ich nahm mir vor, das Beste aus mir herauszuholen – mich also hollywoodreif auszustatten. Die sollten mal staunen, was aus mir Tolles geworden war!

Nachdem der Termin sehr knapp angesetzt worden war und ich vorher keine Zeit gefunden hatte, widmete ich mich erst am "Tag der Tage" der Farbe meiner Haare. Aus Sparsamkeitsgründen nahm ich die Färberei selber vor und hatte mir zur Feier des Tages eine neue Farbe verordnet – nämlich Kupfer. Meine Haare waren zu dem Zeitpunkt lang, sehr lang, weshalb ich keinerlei Bedenken hatte, die Einwirkzeit etwas länger ausfallen zu lassen, noch dazu lag ich gemütlich in der warmen Badewanne. Nach einer Weile öffnete sich die Tür, mein Angetrauter lugte hinein, schluckte, riss entsetzt die Augen auf und keuchte: "Hast du mal in den Spiegel gesehen?"

Elegant wie ein Walfisch sprang ich aus der Wanne und schaute in den bewussten Spiegel. Mir stockte der Atem, die Stimme wollte auch nicht mehr so recht, aber ich konnte noch "Ach du lieber Gott" röcheln, tauchte blitzschnell wieder ins Wasser, ergriff ein Shampoo und wusch meine Haare mindestens zehnmal. Nach jedem Waschgang folgte ein Sprung zum Spiegel, ein entsetztes Aufkreischen und ein erneutes Abtauchen in die Wanne. Was meine Sportlichkeit zu dieser Zeit unter klaren Beweis stellt. Natürlich brachte diese hektische Wascherei überhaupt nichts, Farbe ist schließlich Farbe

– und eines garantierte sie: Ich würde nicht übersehen werden. Also trocknete und ondulierte ich die ganze Angelegenheit, wartete, bis sich meine Haut nach diesem Bad-Marathon wieder entkräuselt hatte, schminkte und bekleidete mich sorgfältig, setzte mich ins Auto und startete. Wenigstens die Fahrt verlief einigermaßen problemlos, und ich war nach zwei Stunden am Ziel.

Im Saal waren schon alle versammelt, standen in Grüppchen herum und schwatzten. Ich war offenbar die Letzte, aber ich hatte ja auch den weitesten Weg. Entschlossen steuerte ich eine der Gruppen an, erkannte die meisten wieder und landete dann bei einer Frau, die ich im Moment nicht recht unterbringen konnte. Vergnügt streckte ich ihr die Hand entgegen und fragte: "Und wer bist du?" Die Dame grinste breit und antwortete süffisant: "Ich war deine Lehrerin!" Au weia! Aber wir mussten beide herzlich lachen, und ich wechselte natürlich sofort zum "Sie", denn Lehrer wurden zu unserer Zeit nun wirklich nicht geduzt.

Als Letzte rauschte unsere ehemalige Mater Direktorin in den Saal, wahrlich eine Respektsperson. Sie ließ wie eh und je ihren berühmten scharfen Blick über uns gleiten, und ich erwartete fast, auf der Stelle eine Stunde Buchführung verpasst zu kriegen. Dem war glücklicherweise nicht so, denn diese Kenntnisse hatten sich bei mir nach 18 Jahren nicht nur nicht verbessert, sondern sie waren so gut wie nicht mehr vorhanden. Dafür hatte und habe ich halt Begabungen auf anderen Gebieten.

Wir durften uns also setzen, und nun ging reihum die Vorstellerei los. Jeder erzählte aus seinem Leben. Alle waren merkwürdigerweise verheiratet, obwohl ich von einigen definitiv wusste, dass sie geschieden waren. Die Damen trauten sich das jedoch vor dem Tribunal der Ehemaligen nicht zu erwähnen und verheirateten sich schnell wieder wenigstens für einen Abend.

Mittlerweile wurde es mir etwas langweilig, okay, man könnte auch sagen, ich kam langsam auf Entzug, weil ich zu dieser Zeit noch mächtig rauchte. Also griff ich in meine Tasche und holte die Zigaretten und das Feuerzeug heraus, obwohl die gefürchtete Mater Direktorin nur zwei Plätze von mir entfernt saß. Bevor ich überhaupt dazu kam, meine Zigarette anzuzünden, hörte ich ein sowohl entsetztes als gleichzeitig erleichtertes Aufstöhnen aus den Reihen der jetzt doch so erwachsenen Klassenkameradinnen - und wie der Blitz hingen die meisten ebenfalls an ihren Zigaretten.

Nachdem ich halt ein grundehrlicher Mensch bin, verkündete ich, als die Reihe an mir war, dass ich schon einmal geschieden, nun aber mit einem jüngeren Mann als ich verheiratet war. Das stand im Raum wie eine Gewitterwolke, und ein unisones Murmeln erhob sich. Bevor aber der Blitz auf mich niederfuhr, war die Vorstellerei beendet, und die Damen fingen wieder an zu schnattern … und etliche kamen an meinen Tisch und flüsterten mir zu, dass sie ebenfalls geschieden seien, sich aber nicht getraut hätten, das zu offenbaren. Wie alt muss man werden, um zu den Dingen zu stehen, die einem im Laufe des Lebens zustoßen?

Der Rest des Abends verlief ganz harmonisch. Die anwesenden Lehrerinnen entpuppten sich obendrein als völlig normale Menschen mit Kindern und Enkelkindern. Also richtig nett. Nein, geduzt habe ich sie trotzdem nicht. Zum Schluss fiel mir die Ehre zu, Mater Direktorin zurück in ihr Kloster fahren zu dürfen. Zu meiner Raucherei gab sie keinen Kommentar ab, zu meiner Ehe mit einem jüngeren Mann schon. Kurz und bündig stellte sie fest: "Das ist schlecht." Ungerührt gab ich zurück: "Das ist gut." Mir hat halt immer schon der Respekt vor der Obrigkeit gefehlt – Gott sei Dank!

Die Sache mit der Königin

Vor etlichen Jahren pflegten wir unseren Urlaub in Dänemark zu verbringen.

Dänemark ist schön, Dänemark ist gemütlich. Etwas Dänisch können wir auch. Wir waren also effektiv verliebt in dieses Land. Und weil man ja nicht ununterbrochen am Strand liegen kann und will und die Sehenswürdigkeiten auch rasch abgehakt waren, kamen wir auf die Idee, uns mal ein paar Häuser anzuschauen. Vielleicht könnten wir ja unsere bisherige Ferienliebe ausdehnen und uns hier sesshaft machen? Zögerlich begannen wir, Häuser von außen zu inspizieren, an denen ein Schild vor der Tür stand "Til salg", zu verkaufen.

Wir müssen größenwahnsinnig gewesen sein. Aber das Ganze war zu einer Zeit, als dort die Häuser noch billig waren. Heute haben sich die Preise mindestens vervierfacht. Für uns rechnete es sich damals. Wir fuhren eh in schöner Regelmäßigkeit gen Norden, mussten aber dafür viel Geld bezahlen, weil die Vermieter der Ferienhäuser zusehends stolzere Preise verlangten. Es könnte sich also durchaus lohnen, dort ein kleines, wirklich winziges Häuschen zu kaufen und dann immer dorthin zu fahren, dachten wir in unserer jugendlichen Unbekümmertheit so vor uns hin.

Zwischen der Verwirklichung unseres Vorhabens, das wir uns bereits in den glühendsten Farben ausmalten, und unserem Einzug stand und steht jedoch das dänische Gesetz, welches völlig eindeutig besagt, dass Ausländer in Dänemark nichts kaufen dürfen. Auf gar keinen Fall, nie und nimmer, gar nie nicht, ausgeschlossen. Verstehen konnten wir das schon, weil ja halb Deutschland im Sommer dort ist und die Dänen einfach Angst haben, dass die andere Hälfte ihres Landes womöglich ebenfalls sang- und klanglos an uns Deutsche übergeht.

Weil wir dänische Freunde haben, wussten wir zudem, dass dort sehr streng vorgegangen wird. Kein Müll draußen, verdächtig, zweimal kein Müll draußen, war der Fall klar und man wurde gezwungen, das Haus wieder zu verkaufen. Natürlich wussten wir, dass es etliche Leute gibt, die diese Bestimmungen mit allerlei Tricks umgehen. Aber wir sind einfach zu ehrlich und wollten weder betrügen noch den Stress der Verschleierung auf uns nehmen.

Also versuchten wir es mehrfach bei Maklern. Die unterschieden sich auch in ehrlich und unehrlich, was da heißt, die einen wollten unter allen Umständen verkaufen, die anderen ließen uns gleich abblitzen.

Die ganze Angelegenheit ruhte eine Weile, bis der nächste Urlaub anstand und das Thema wieder erinnerlich wurde. Wie ich ja schon gestanden und mehrfach beschrieben habe, entwickle ich manchmal sehr merkwürdige Ideen. All unsere Versuche waren ja gescheitert, auf ehrlichem Weg kamen wir zu keinem Häuschen. Also überlegte ich, dass man bei der höchsten Instanz beginnen muss, und das ist in Dänemark die Königin. Was man dank den Medien so hört und sieht, scheint sie ein praktischer, liebenswerter Mensch zu sein, hat noch dazu so einen Dackel wie wir, und ist mir allein aus diesem Grund schon sehr sympathisch.

Ich fertigte also so eine Art Bewerbungsmappe an, mit einem Anschreiben in Dänisch, mit Bildern von allen Familienmitgliedern, inklusive der Hunde, klebte noch einige Fotos von unseren Urlauben in ihrem schönen Land ein, und erwähnte selbstverständlich unsere langjährigen dänischen Freunde, sozusagen als Bürgen. Auf die Mappe klebte ich hübsch eingepackt noch ein Leckerli für den königlichen Dackel, dann brachte ich das Ganze per Post auf den Weg zu den königlichen Gemächern.

Ein paar Wochen tat sich gar nichts, und dann schwebte er tatsächlich ein, der Brief der Königin. Sie, na ja, wohl eher eine Assistentin, aber auf jeden Fall im Namen der Königin, hatte unser Ansinnen an das zuständige Ministerium weitergeleitet. Immerhin waren wir bis dahin zumindest schon mal vorgedrungen. Doch dann scheiterten wir an dem komplizierten, ellenlangen Fragebogen, den wir offensichtlich nicht zu deren vollster Zufriedenheit ausfüllen konnten. Unser Ansinnen wurde abgelehnt.

Jetzt werde ich mich allerdings die nächsten zwanzig Jahre fragen, wer denn nun das Leckerli für den königlichen Dackel gefuttert hat. Das fehlte nämlich, als wir unsere Unterlagen zurückbekamen. Eigentlich echt gemein, uns nicht haben zu wollen, aber das Leckerli verputzen. Aber es erhält ja auch nicht jeder Post von einer Königin. Ein schwacher, doch zumindest ein Trost.

Von dem Unternehmen "Häuschen" in Dänemark haben wir uns verabschiedet. Es war wohl sowieso eine Schnapsidee, und hinfahren tun wir auch nicht mehr. Nicht weil wir beleidigt wären, nein, aber dreißig Mal, was bedeutet dreißig Jahre, genügen vorerst, oder?

Die Sache mit der Torte

Jeder von uns hat sicher ein Lieblingsrezept. Eines, welches man besonders gut im Griff hat, und vielleicht noch eines, was die Familie besonders gerne isst.

Bei mir traf zum Glück beides auf eine bestimmte Torte zu. Heidelbeertorte, hmmmm, herrlich kalorienreich mit viel Sahne und Kokosstreuseln. Einfach wunderbar. Die Lieblingstorte meiner Familie. Aber weil sie eben reichlich mächtig ist, und sich unweigerlich auf Hüften, Bäuchen oder sonst wo niederlässt, backe ich sie nur sehr selten.

Dass sich meine Kochkünste sehr im Rahmen halten, hatte ich schon etliche Male erwähnt. Aber mit dieser Torte hätte ich jeden Wettbewerb gewinnen können.

Wenn man auf dem Dorf lebt, lassen sich Einladungen manchmal nur schwer umgehen. Eine typisch dörfliche Angelegenheit ist es außerdem, dass bei einer Feier jede der Damen einen Kuchen mitbringt, was häufig zu einer Art Wettbewerb mutiert. Man will sich nicht blamieren und etwa lediglich mit einem drögen Butterkuchen aufkreuzen. Die Damen übertrumpfen sich also gegenseitig mit ihrer Lieblingstorte. So sitzt man dann an einem liebevoll gedeckten, sich von der Last der Torten biegenden Kaffeetisch mit sechs weiteren weiblichen Gästen. Die Gastgeberin hat sich natürlich auch nicht lumpen lassen und ihrerseits ebenfalls eine wunderbare Création zubereitet.

Sieben Personen, sieben Torten - so viel kann jeder rechnen. Jetzt aber beginnt der schwierigste Teil der Angelegenheit: Wessen Torte soll man probieren, welche kann man weglassen, ohne die Bäckerin zu beleidigen? Ein wahrhaft kompliziertes Unterfangen.

Doch auch hier kann man sich auf eine gewisse Regelmäßigkeit verlassen: Der Herdentrieb setzt ein. Die erste Dame sagt: "Ich würde diese da gerne probieren, die schmeckt immer so himmlisch." Heißt im Klartext: Man kennt sich untereinander und mittlerweile die Torten ebenfalls. Sie deutet auf ein besonders lecker aussehendes Gebilde, und sofort zieht der Rest der sechs Damen hinterher: "Mir bitte auch davon, aber nur ein klitzekleines Stück." Kein Mensch, sei er auch noch so begabt, kann von einer Torte "nur ein klitzekleines Stück" abschneiden. Also werden die

Stücke normal groß. Eigentlich wäre man nach diesem ersten Stück bereits satt, noch dazu, wo man auch noch drei Tassen Kaffee getrunken hat. Aber die Damen rücken ungeduldig auf ihren Stühlen herum, weil ja ihre Torte noch nicht probiert wurde.

Das Ende vom Lied ist, dass die Damen irgendwann beschließen, es wäre kalorienmäßig sowieso alles egal. Schließlich könnte man sich ohne schlechtes Gewissen mal was gönnen. Der letzte Kaffeeklatsch ist außerdem schon gestern gewesen und der runde Geburtstag von "murmel, murmel" ist erst morgen. Zudem hat man heute das Mittagessen weggelassen, und am Abend würde man garantiert auch nichts mehr essen. Das ist der Zeitpunkt, an dem die eigentliche Tortenschlacht beginnt.

Zu so einem Ereignis brachte ich also meine wunderbare Heidelbeertorte mit. Und weil ich nicht allzu oft solchen Einladungen Folge leiste, kannten die Damen sie nicht und wollten alle als Erstes von dieser, meiner Torte probieren. Stolz erhob ich mich, schwang das Messer und machte den ersten "Spatenstich", worauf sich die Torte zum ersten und einzigen Mal in meiner gesamten Tortenlaufbahn mit Lichtgeschwindigkeit über den Tisch ergoss. Die Sahne hatte sich aus mir nach wie vor unbekanntem Grund plötzlich und unerwartet total verflüssigt.

Nichts, aber auch rein gar nichts hat mich nur annähernd auf diese Blamage vorbereitet, auch nicht auf die spitzen Schreie, die nach der Detonation erfolgten. Instinktiv sprangen die Damen zurück, um von dieser Kalorienbombe wenigstens nicht äußerlich getroffen zu werden. Mein Kopf nahm wieder einmal die sattsam bekannte rote Klatschmohnfarbe an. Meine Sprache verwandelte sich in nutzloses Gestammel, und leider tat sich die Erde nicht auf, in die ich hätte versinken können. Doch nach dem ersten Schreck setzte ein Glucksen ein, das sich fortsetzte und zu schallendem Gelächter explodierte. Als wir uns nach einer Weile einigermaßen beruhigt hatten, bekam ich von allen Seiten segensreiche Ratschläge, wie ich eine ungefährlichere Mixtur gestalten könne. Ein paar dieser Ratschläge beherzige ich seitdem tatsächlich und eine derart explosive Torte habe ich nie mehr zustande gebracht. Mit der Torte, wie sie mir seitdem immer gelingt, könnte ich die Königin samt deren Hofstaat zum Schmelzen bringen, wenn wir denn eine hätten. Nachdem ich aber ständig und überall diätbewusst lebe – wenigstens meistens –, mümmle ich an einem kleinen Stück des trocknen Hefekuchens, den die Gastgeberin verschämt an den Rand gestellt hat. Die Torten verkneife ich mir aus den bekannten Gründen und bin verblüfft, wie viel in anderer Leute Mägen so Platz hat. Ärgerlich ist nur, dass die Damen alle eine völlig normale Figur haben und ich mit meinem staubigen Mini-Hefekuchenstück morgen früh garantiert sieben Gramm zugenommen habe. Aber was soll's? Solange die Waage nicht knurrt: "Bitte nicht zu zweit wiegen!", geht es noch, finde ich.

Die Sache mit den Locken

Eines Tages wollte ich mich gerade vor den Fernseher lümmeln und nach einem anstrengenden (und sehr früh begonnenen) Tag genüsslich einnicken, als das Telefon läutete. Eine Freundin rief an, ob ich mit ihr in die Oper käme, jetzt sofort, sie hätte eine Karte übrig. Ich wollte nicht, weil es mir, siehe oben, nach einem gemütlichen Schlummer kurz nach den Nachrichten um sieben war.

Aber jeder, der Frauen kennt, weiß, dass sich eine Freundin nicht mit einem schlichten "Nein, danke" abwimmeln lässt. So verbrachte sie zehn Minuten damit, mich zu überzeugen, dass die Aufführung von Cosi fan tutte einfach göttlich sei und ich ein Jahrhundertereignis verpassen würde, wenn ich mir nicht einen blitzartigen und kräftigen Schubs in ihre Richtung verpasse.

Weitere kostbare Minuten verbrachte ich mit der Erklärung, dass ich normalerweise nicht geschminkt mit hochgedrehten Locken und Abendkleid vor dem Fernseher sitze. Es nützte alles nichts, die Freundin hatte entschieden, dass ich wirklich unbändige Lust auf Mozart habe.

Die Gegenargumente waren auch gerade alle, also schmiss ich den Hörer auf die Gabel und mich eilends unter die Dusche, doch vorher steckte ich in der Küche noch den Lockenstab in die Steckdose am Herd.

Ohne Locken würde ich keinesfalls zu Mozart enteilen. Die Dusche fiel knapp aus, das Abendkleid war das ebenso. Also hatte ich mal wieder zu viel gefuttert. Aber egal, Luft angehalten, reingezwängt und runtergerannt.

Auf der halben Treppe stockten mir erst der Schritt und dann der Atem. Und weil ich so schnell nicht bremsen konnte, tauchte ich unversehens in eine dichte Rauchwolke. Ich brüllte "Feuer", was sowieso niemanden interessierte, raste in die Küche und stoppte erschüttert. Statt den Lockenstab anzuwerfen, hatte ich in meiner Hektik den Herd angestellt. Nun brutzelte der Frisierstab munter vor sich hin. Mein Herz machte einige Extrasystolen, mit einer Hand schaltete ich alles aus, was auszuschalten war, mit der anderen riss ich das Fenster auf und steckte meinen Kopf aus demselbigen, um nach Atem zu ringen.

Nach heftigem Durchzug konnte ich zumindest wieder

ungehindert durchschnaufen. Doch meine Lust auf Mozart war nun gänzlich verflogen. Aber versprochen war versprochen.

Dummerweise wohnten wir nicht gerade neben der Staatsoper, also musste ich noch in einem Wahnsinnstempo durch die Stadt rasen. Schließlich rannte ich kurzatmig und mit mühsam hochgezwirbelten Haaren, Locken gab es ja aus den bekannten Gründen nicht, durchs Foyer zu meiner ungeduldig wartenden Freundin und rang sowohl die Hände als auch nach Atem. Also singen hätte ich nicht mehr können, aber das taten ja Gott sei Dank andere. Bis zum Ende der Vorstellung hatte sich mein Puls wenigstens wieder normalisiert, und niemand hatte den Notarzt gerufen, weil ich schnaufte wie eine Dampflok. Jetzt habe ich kurze Haare, und Cosi fan tutte kenne ich auch.

Die Sache mit der Maus

Als zu unserem Haushalt vor vielen Jahren auch noch ein uralter Kater gehörte, hielten wir es nach dem Einzug in ein neues (altes) Haus mit den Trennungen sehr strikt. Was da hieß: Der Kater residierte im oberen Teil des Hauses, die diversen Hunde im unteren.

Zu dieser Zeit traute sich unsere Katzenfeindin Nummer eins, Emma, ein Golden Retriever, noch nicht, über die Absperrung zu springen. Also funktionierte das mit der Trennung bestens, wenngleich sie den ungeliebten Kater immer im Blickfeld hatte. Der wiederum saß rotzfrech genau auf der Stufe, an die Emma gerade mal so eben nicht herankam. Natürlich musste die sich darüber unendlich aufregen.

Nun muss, darf und soll ja so ein Katzentier auch an die frische Luft. Nachdem der Weg nach unten und von dort in den Garten dank Hundeverteidigung unmöglich war, baute einer der Söhne eine Leiter, wie man sie auf Bauernhöfen für die Hühner benutzt. Diese Leiter war eine geniale Konstruktion, sie wurde mit Haken in die Dachrinne eingehängt und war so relativ stabil und

sicher. Doch nun begannen die eigentlichen Schwierigkeiten: Wie brachten wir den Kater dazu, diese geniale
Konstruktion auch zu benutzen? Einer meiner Söhne
stand unten im Garten und versuchte mit Engelszungen
das Tier zu überreden, doch bitte zu kapieren, dass es
über diese Treppe hinunter in die freie und aben-
teuerliche Natur ging und keinesfalls aufs Schafott.
Auch die Lockung, dass bestimmt eine paar leckere,
knackige Mäuse auf ihn dort warten würden, fruchtete
nicht.

Der Kater kapierte es einfach nicht - oder wollte es
nicht kapieren -, oder er hatte schlicht Angst, vermutete
eventuell eine Falle und dachte: "Nee, nee, nicht mit
mir!" Er blieb stur auf der Fensterbank sitzen, und wir
ließen ihn dann irgendwann einfach in Ruhe, weil wir
feststellen mussten, dass unser Gesäusel ihn offenbar
nicht überzeugte. Da erfand man sozusagen das Ei des
Kolumbus, um dem Tier zu helfen - und was war der
Dank? Sein typisches Katzengesicht, nämlich reichlich
uninteressiert.

Von da an wurde jeden Abend das Fenster auf-
gelassen, so dass er, wenn er denn wollte, hinaus-

spazieren könnte. Es tat sich nichts, absolut gar nichts - außer, dass ich ständig kalte Füße hatte.

Eines Nachts wurden wir von einem Höllengeschrei geweckt. Vor der Hühnerleiter hatte sich eine Horde rolliger Katzen versammelt und die prügelten sich um den besten Platz zum Begaffen des gelassen nach unten blickenden Katers. Im Übrigen möchte ich bei der Gelegenheit doch kurz anmerken, dass es bei Menschen glücklicherweise etwas dezenter zugeht. Diese Katzen wussten allerdings eines nicht – nebenbei bemerkt der Kater ebenfalls nicht -, dass er kastriert war. Plötzlich wurde ihm das Spektakel zu bunt, und er rauschte über das Dach, stoppte knapp vor der Leiter – und kletterte sie vorsichtig hinunter und wurde übergangslos ob seines Desinteresses heftig von den Katzendamen verkloppt. Aber ab diesem Zeitpunkt war das Thema Leiter für ihn abgehakt – er akzeptierte es als das, was es war: als geniale Erfindung.

Doch eine Leiter ist auch für andere nicht unsichtbar und von beiden Seiten zu nutzen. Was mir eines Morgens schlagartig klar wurde. Ich schoss aus tiefstem Schlaf hoch, weil das Telefon neben meinem

Bett klingelte. Verschlafen griff ich zum Hörer und wollte auf den Empfangsknopf drücken. Aber da war kein Knopf mehr. Blau hätte er sein sollen. Ebenso ungewollt wie jäh war ich endgültig wach, setzte mich steil auf, starrte auf das nun nicht mehr läutende Telefon und entdeckte schließlich die feinen Mäusezähnchen an den Überresten des ehemaligen Knopfes.

Da hatte sich doch tatsächlich eine Maus unser Telefon als Mahlzeit erkoren, während ich mein schlafendes Haupt direkt daneben gebettet hatte! Vermutlich wollte die Maus seine weit verzweigte Verwandtschaft anrufen, um ihnen mitzuteilen, dass sie gerade den Jackpot geknackt hatte. Schließlich war es bei uns wirklich gemütlich samt hundertprozentig gewährleistetem bequemen und freien Eintritt in allerlei Nischen, Sofas, Schränke – und ein bisschen tiefer ins Schlaraffenland, also in die Küche.

Die Maus war zwar klug genug, sich nicht sehen zu lassen, aber wir haben sie dann irgendwann gefangen. Dem Kater war das alles völlig schnuppe – von Pflichtgefühl oder gar Jagdinstinkt keine Spur. Der rannte nur noch hinter den ihn verschmähenden Damen her. Was meinem Schlaf für eine Weile nicht unbedingt gut tat, ganz zu schweigen von den höchst lebendigen Mäuse-Träumen, die mich heimsuchten.

Die Sache mit den Nachbarn

Ab und zu möchte man den dringenden Wunsch ver-
wirklichen, eine Höhle im Wald zu bewohnen, um die
herum es nur stille Bäume und possierliche, fröhlich
spielende Tiere gibt. Ein wundervoller Traum – denn in
solch einem Fall gäbe es nie Stress mit den Nachbarn.

Wenn man sein Leben durch etliche Umzüge würzt,
also den Wohnort aus den verschiedensten Gründen
häufig wechselt, gewinnt man naturgemäß ebenso
häufig neue Nachbarn. Ich könnte ein Lied mit 10
Strophen (pro Umzug eine) singen von Nachbar-
schaftsgequengel - und eines mit einer halben Strophe
ohne Refrain von Nachbarschaftshilfe.

Vor etlichen Jahrzehnten zogen wir als junge Familie in
ein Haus mit sechs Parteien. Dort herrschte eine rigide
Hausordnung – inklusive wöchentlicher Treppenreini-
gung. Kaum hatten wir uns eingerichtet, bekam ich
blitzschnell und höchstpersönlich den eisernen Nach-
barschaftsbesen zu spüren. Die Damen des Hauses
erklärten mich nämlich flugs und einstimmig zum
Ferkel, weil ich die Ecken beim Treppenputzen nicht

ordnungsgemäß geschrubbt hatte. Das betrübte mich selbstverständlich so sehr, dass ich ab sofort gewissenhaft schier mit den Fingernägeln in diesen Ecken rumkratzte, auf dass man hinterher von diesen Treppen hätte essen können. Was die Damen jedoch gar nicht wollten. Stattdessen wiesen sie mich streng darauf hin, dass das zum eigenen Stockwerk gehörende Flurfenster ebenfalls regelmäßig geputzt werden müsse. Schließlich seien gerade die gemeinschaftlichen Flurfenster wie eine Visitenkarte der Hausbewohner. Man sei ein gastliches Vorzeigehaus, das jeden Besucher durch ein strahlend sauberes Fenster begrüßen wolle. Ehrlich gesagt, fiel mir zu diesem Thema spontan ganz was anderes ein – von wegen Gastfreundschaft im Besonderen und Allgemeinen …

Aber natürlich putzte ich auch dieses Fenster ohne Widerrede und verschwand schnellstens in unserer Wohnung, bevor sie auf irgendwelche anderen Besonderheiten kamen.

An diesem ersten "Außenputztag", es muss so gegen elf Uhr vormittags gewesen sein, versammelte sich die Nachbarschafts-Damenwelt im Treppenhaus und versenkte sich in ein ebenso ungeplantes wie notwendiges Schwätzchen.

Ich kann mich noch genau an die Uhrzeit erinnern, weil die Damen eigentlich auf dem Weg zum Krämer waren, um etwas zum Mittagessen zu besorgen. So viel bekam ich am Anfang noch mit, bevor die Unterhaltung zu undeutlich für meine Ohren wurde. Ihr eifriges Gemurmel zog sich hin, bis es plötzlich 12 Uhr war, genau der Zeitpunkt, zu dem der Laden für zwei Stunden schloss. Und exakt um zwölf hörte ich einen gemeinschaftlich- entsetzten Aufschrei, die Ladies stoben die paar Meter zum Geschäft hinüber und belagerten dessen Hintertür, um dort noch etwas Essbares zu ergattern.

Nach kurzer Zeit hatte ich es drauf: Um elf Uhr sollte ich die Wohnung besser nicht verlassen, denn das bedeutete unweigerlich ein Spießrutenlauf an den schnatternden Klatschtanten vorbei. Meine Nerven waren mir kostbarer als eine Auseinandersetzung oder auch nur ein kurzes Gespräch mit diesen selbst ernannten weiblichen Sheriffs über die "Hausfrauentugenden".

Inzwischen hatte ich zwei Kinder, konnte vorzüglich die Treppe und sonstiges putzen und wähnte mich in absolut nachbarschaftlicher Sicherheit, als jemand die Wegwerfwindeln erfand. Gebrauchte Windeln in die Mülltonne?! Sträflich! Im Mittelalter hätte das Urteil dafür bestimmt gelautet: Rübe runter! In dem Fall meine. Doch glücklicherweise war das Mittelalter längst vorbei, und ich hatte mir mittlerweile ein etwas dickeres Fell zugelegt, was da heißt, ich übte mich fleißig im visionärem Vogelzeigen. Selbstverständlich war ich dabei die Höflichkeit in Person, hatte also stets ein freundliches Lächeln auf den Lippen. Wenn es die Umstände erfordern, kann ich recht gut schauspielern. Was meiner Gesundheit zudem sehr zuträglich ist. Ich saß die Sache also einfach aus, Müll ist schließlich Müll. Fortan hörte ich die Damen täglich bei ihrer Voreinkaufs-Gesprächsrunde unüberhörbar über die Windeln zetern. Wenigstens hatten sie Gesprächsstoff.

Nun herrschten im tiefsten Bayern zu dieser Zeit höchst geordnete Verhältnisse. Montags wurde – gefälligst - gewaschen. Wer zuerst kam, konnte die Leinen unten auf der Wiese mit Beschlag belegen. Es wären zwar genug Leinen für alle da gewesen, aber neiiiiiin, nur wer zuerst kam, konnte die Leinen benutzen, das war ein ungeschriebenes Gesetz. Der Rest der Mieter musste an einem unerlaubten anderen Tag waschen, was überhaupt nicht gerne gesehen wurde. Da war man echt in der Zwickmühle. Egal, ob man heimlich trainierte, um es zu schaffen, als Erste an die Leinen zu kommen. Eine der Nachbarinnen gewöhnte sich dann doch tatsächlich an, schon sonntags heimlich zu waschen und morgens kurz vor Sonnenaufgang ihre Wäsche aufzuhängen. Alle anderen mussten sich halt was einfallen lassen, wo sie ihre nasse Wäsche unterbrachten. Es hat ja viele geschichtlich belegte Wettläufe gegeben, zum Beispiel bei der Entdeckung des Nord- oder Südpols. Bei uns ging es zwar fast ebenso spannend zu, bei diesem Wettlauf zur Wäscheleine - nur das Ziel war etwas langweiliger, wenn auch für diesen Fall ungleich praktischer als so eine Pol-Position.

Das Nächste, was mir widerfuhr, war Strafputzen, weil ich einmal bei Blitzeis Asche zum Streuen genommen hatte. Die war absolut super gegen das Rutschen wenigstens draußen, verteilte sich aber in der Wärme drinnen auf der Treppe in allerlei hübsch-hässlichen Mustern. Also putzte ich wieder und hatte gelernt, die Beine darf man sich getrost bei Blitzeis brechen, Asche streuen aber nicht. Womit bei der Elfuhr-Runde wieder ein aufgeregter Themenwechsel angesagt war.

Die Nerven wären mir aber beinahe durchgeschmort, als unser Sohn im strammen Alter von drei Jahren seine Spuck- und Beißphase nahm und das gleichaltrige Kind einer Nachbarin biss. Die bekam einen Tobsuchtsanfall und wollte zum Arzt rennen, um auf meine Kosten ihr Kind gegen Tollwut impfen zu lassen. Ganz zu schweigen davon, was sie mir androhte, wenn ihr Kind Folgeschäden davontragen würde. Das war der Zeitpunkt, an dem ich zum ersten und einzigen Mal meine Stimme in wohlgesetzten Worten derart deutlich erhob, dass die Tassen in den sicherlich hervorragend geputzten Nachbarschaftsschränken wackelten. Ab dem Zeitpunkt waren die Fronten klar. Urplötzlich war ich von einer einfältigen Jung-Hausfrau zu einer gleichwertigen Nachbarin aufgestiegen. Auf diese Beförderung war ich aber absolut nicht scharf und hielt mich weiterhin tunlichst von deren Treffen fern.

Heute habe ich wunderbare Nachbarn. Da überlege ich schon, ob ich die halbe Strophe, siehe oben, nicht doch noch vervollständige. Und eines steht fest: Sollte ich noch einmal umziehen, müssen die Nachbarn halt alle mit - ob sie wollen oder nicht. Sag ich mal kühn. ☺

Die Sache mit dem Pferd

Teil 1

Mittlerweile habe ich bereits mehrfach über meine Tierliebe berichtet. Alles, was da kreucht und fleucht, darf in meinem Umkreis leben. Lediglich mit Ameisen habe ich gewisse Probleme. Nachdem man die ja nun wirklich nicht einzeln behutsam nach draußen tragen kann, werden sie schlicht und ergreifend ausgerottet. Zwar mit enorm schlechtem Gewissen, aber gnadenlos.

Obwohl ich bekanntermaßen drei Hunde habe, sind meine Lieblingstiere eigentlich Pferde. Und mein größter Wunsch, neben all den kleinen, ist, wenigstens einmal "on the top" zu sitzen. Nicht immer bloß die Mohrrüben fütternde Tante zu sein, bei deren herannahendem Auto schon entzückt gewiehert und mit den Hufen gescharrt wird. Zwischenzeitlich hat nun einer der Söhne ein Pferd, welches echt lieb und verständnisvoll ist. Es hat nämlich sofort begriffen, dass ich keine 20 mehr bin, es also langsam gehen muss, wenn ich es am Halfter mal spazierenführe.

Aber so ein Pferd macht auf mich trotz der bewiesenen Zuneigung einen merkwürdigen Eindruck. Aus zwei

Metern Entfernung wirkt es völlig normal groß, nähere ich mich aber auf Tuch- bzw. Fellfühlung, wird es groß und größer, sozusagen riesengroß. Wie gesagt, ich unternehme alles – bis auf das Hochklettern - mit diesem Pferd, einer Stute, vergesse aber keine Sekunde, wie viel Kraft hinter einem PS steckt, wenn sie mal mutwillig anzieht.

Mein Traum-Unternehmen "on the top" wurde also auf meinen Wunsch ständig wieder verschoben, aus den oben genannten Gründen: Ich werde immer kleiner, das Pferd immer größer. Und irgendwie kam mir das nicht gesundheitsfördernd vor.

Eines Tages beobachtete ich wie schon so oft, meinen Sohn, natürlich als Reiter, der unsere Stute gerade temperamentvoll durch die Halle jagte – und in dem Moment fielen mir keine Argumente mehr ein, die mich hindern sollten, ebenfalls kerzengerade auf dem Sattel meine Runden drehen zu können. Stattdessen packte mich der Übermut, und ich beschloss abenteuerlustig: Jetzt oder nie!

Der Sohn war einverstanden und hielt die Stute fest, während ich versuchte, in die Steigbügel zu kommen.

Leider hatte ich nicht berücksichtigt ich, dass ich keine 2,50 m groß bin. Deshalb gestaltete sich die Angelegenheit doch etwas sehr mühsam. Ein Höckerchen wurde geholt, woraufhin ich wenigstens schon mal über den Rücken des Pferdes spähen konnte. Was mich aber noch lange nicht nach oben brachte.

Das Pferd fing an zu tänzeln und drehte nervös den Kopf nach hinten. In ihren Augen erschien bereits das panische Weiß, und ihr entsetzter Blick signalisierte eindeutig: "Waaaaas, die will auf meinen Rücken??? Wo bleibt der Tierschutz?" Ich schaute giftig zurück – mit einem ebenso eindeutigen Blick: "Stell dich nicht so an, den Sohn hältst du schließlich locker aus, und der ist viel schwerer als ich!!!"

Ihr Hals ähnelte nahezu einem Gewinde, und mein sportlicher Sohn verkündete hektisch: "Mach hinne, lange kann ich sie nicht mehr ruhig halten." Das war der Zeitpunkt, zu dem ich ernsthaft in mich ging. Denn mittlerweile hing ich quer über dem Pferderücken, meine Abenteuerlust hatte sich jäh verflüchtigt und stattdessen der großen Frage Platz gemacht: Wie komme ich in die Senkrechte, ohne auf der anderen

Seite durch den benötigten Schwung wieder hinunterzufallen? Also brach ich das Unternehmen "on the top" schnaufend (und wegen schlichter Unsport-lichkeit) ab und rutschte wieder in Richtung des relativ sicheren Fußschemels. Von da ab trainierte ich meine Armmuskeln. Irgendwie musste dieser Aufstieg doch zu schaffen sein.

Das Pferd wurde übrigens nach einer entschuldigenden Extra-Portion Mohrrüben wieder friedlich und hat mir rasch verziehen. Und der Sohn hat bei der gesamten Aktion nicht ein Mal gelacht. Alle Achtung!

Die Sache mit dem Pferd

Teil 2

Wie gesagt, eine Weile trainierte ich meine Armmuskeln, beobachtete außerdem aufmerksam, wie die jungen Leute sich aufs Pferd hievten und merkte schon bald, wo mein Fehler lag. Irgendwann trafen zwei Ereignisse aufeinander: Der Sohn und ich waren gleichzeitig im Stall - und ich hatte eine mutige Phase.

Wenn nicht jetzt, wann dann, dachte ich mir in einer Mischung aus Trotz und Wagemut, und betrat zu allem entschlossen die Halle. Als das Pferd meiner ansichtig wurde, betrachtete es mich mit dem gleichen kritischen Blick wie neulich: "Die wird sich doch wohl nicht schon wieder über mich hängen wollen ..." Keine Mohrrüben dabei, war sowieso ein ganz schlechtes Zeichen. Doch nichts auf der Welt hätte mich nun von meinem Vorhaben abbringen können. Now - oder wirklich never.

Die Steigbügel wurden etwas nach unten gestellt, und ich machte den ersten Versuch, der weitaus besser als beim vorigen Mal ausfiel. Einen Fuß in den Steigbügel, dann mit Schwung in die Höhe gezogen, dabei gerade Haltung, damit ich nicht erneut wie ein Postsack quer über dem Pferderücken lag. Bis hierher hatte alles bestens funktioniert. Langsam begann sich ein unbändiger Stolz in mir auszubreiten. Hach, fast oben! Ich hielt mich krampfhaft am Sattel fest - und dann schwebte ich vor einem mächtigen Problem. Auf genau diesen Sattel sollte ich mich ja setzen. Aber wie setzt man sich auf einen Sattel, wenn man sich an selbigem festhält, also die Hände im Weg sind? Ein anderer Halt musste her. Kurz entschlossen griff ich beherzt in die Mähne des Tieres. Das empörte Gezeter meines Sohnes ist leider nicht jugendfrei, wenn auch höchst unterhaltsam gewesen. Ich ließ mich jedoch nicht abhalten. Wie gesagt: Hände in die Mähne gekrallt, dann Schwung genommen - und rauf auf den Sattel. Geschafft!

Also nicht nur, dass ein Pferd aus der Nähe wesentlich größer wirkt, als aus ein paar Metern Entfernung, nein, auch die Höhenunterschiede verschieben sich dramatisch. Will sagen, 1,67 Meter sind wahrhaftig keine schwindelnden Höhen – zumindest nicht von unten. Wenn man aber auf diesen 1,67 Metern sitzt, tun sich beängstigende Abgründe auf. Nachdem ich nun aber schon mal oben thronte und im Übrigen auch noch nie von einem Sprungbrett im Schwimmbad wieder heruntergestiegen bin ... Also wirklich, die Blöße gibt man sich doch nicht. Da wird gesprungen und basta ... Entschuldigung, ich schweife ab, ... nahm das Unheil seinen Lauf. Die Aussichtshöhe wurde also schlicht von mir ignoriert. Der Sohn nahm nun fürsorglich unten die Zügel in die Hand, und dem Unternehmen "Eine Runde durch die Halle reiten" stand nichts mehr im Wege. Ich röchelte noch: "Aber bitte langsam", als das Pferd sich schon in Bewegung setzte. Genau zwei Schritte machte es, als ich bereits schrill kreischte. Himmel, war das wackelig! Zum Festhalten war nur der Sattel da, aber auf dem saß ich ja. Das konnte nicht gut gehen. Vor meinem geistigen Auge sah ich mich durch Bein- oder Genickbruch aus dieser schönen Welt scheiden.

Der Sohn schüttelte lediglich sein Haupt und brummte: "Bewegen muss sie sich schon, wenn sie gehen soll!" Wir schafften mit vereinten Kräften drei Meter. Danach ließ ich mich so elegant wie möglich hinuntergleiten. Doch ich war überaus stolz, dass es diesmal wenigstens geklappt hatte, senkrecht auf dem Pferderücken die Aussicht – mehr oder weniger – zu genießen.

Im Übrigen hege ich ab dieser für mich gymnastischen Höchstleistung eine tiefe Bewunderung für jede Art der Reiterei. Nie im Leben werde ich verstehen, wie man ohne nennenswerten Halt unfallfrei durch den Wald galoppieren, geschweige denn über irgendein Hindernis springen kann.

Die Sache mit dem kleinen Unterschied
Teil 1

Ich sehe sie förmlich, die Gedanken, die spontan auf-
tauchen … wie sie sich zielsicher in eine Richtung bewegen. Nee, nee, diesen sattsam bekannten kleinen
Unterschied meine ich nicht.

Mit Unterschied meine ich ganz etwas anderes. Um
den noch Unwissenden in die Puschen zu helfen, hier
ein paar Beispiele.

Eine Frau hat etwas vergessen, und prompt gehen sie
los, die strengen Kommentare des liebenden Gatten:
"Das habe ich dir aber gesagt, immer vergisst du alles!"

Ein Mann vergisst etwas. Daraufhin angesprochen rollt
er genervt mit den Augen, erklärt kurz und bündig, dass
er sich schließlich um wichtigere Dinge - wie Geldver-
dienen, Politik, Bundesliga und dergleichen - kümmern
müsste und keine Zeit hat, sich mit solch definitiv
profanen Dingen abzugeben. Außerdem fiel das
sowieso ins Aufgabengebiet der Frau, wie kurz nach
der Eheschließung vor nunmehr 27 Jahren, 276 Tagen,
sieben Stunden und dreieinhalb Minuten beschlossen.
Daran könne er sich zweifelsfrei erinnern.

Ein Mann geht zum Friseur, kommt nach Hause und schleicht so lange um einen herum, bis die Gattin, die unaufmerksame, endlich bemerkt, dass der schüttere Haarwuchs noch schütterer geworden ist. Sie verkneift sich zu fragen, ob er für das Schneiden oder für das Suchen bezahlt hat. Niemals würde die Gattin so etwas von sich geben – wenigstens nicht laut.

Eine Frau geht zum Friseur, die üppig vorhandenen Haare geschnitten, gefärbt und auffallend gestylt. Des Gatten Blick verharrt nach wie vor auf der Zeitung oder dem Fernsehbild, da kann sie noch so emsig wie ein Turnierpferd kurz vor der Siegerehrung vor ihm herum-tänzeln.

Nach einer Weile erwähnt sie völlig nebenbei, dass sie beim Friseur war. Und was kriegt sie zur Antwort? "Und warum hatte er keine Zeit für dich?"

Eine Frau bekommt einen Strafzettel. Was für eine Katastrophe! Man hat wahrhaftig genügend Ausgaben, die am Konto zehren. Nun auch noch diese 20 Euro, und nur, weil sie wieder mal zu schnell gefahren ist. Überhaupt müsste man doch mal langsam wissen, wo die Blitzampeln stehen. Entsetztes Kopfschütteln. Die

Gattin, die beschämte, beschließt innerlich, eine Woche nur noch Tütensuppen zu essen, damit der Betrag irgendwie wieder reingeholt wird.

Ein Mann bekommt einen fetten Strafzettel. Hurtig setzt er an zu einer endlosen Erklärung, dessen Kurzfassung lautet: "Die" wären ja nun wirklich alle total bescheuert, das hätte doch ein Blinder sehen können, dass ihm einer so dicht am Auspuff klebte, dass er aus Sicherheitsgründen einfach Gas geben musste. Aber gut, wenigstens nur 100 Euro und zwei Punkte in Flensburg, das war ja noch recht glimpflich ausgefallen.

Eine Frau ist mit dem Familienauto unterwegs und fährt eine sachte Beule in den Kotflügel. Sofort gibt es strenge Blicke oder noch schlimmer bissige Rügen. Die Beule wird begutachtet. Der Gatte spricht von einem Totalschaden, das Auto hätte überhaupt keinen Wiederverkaufswert mehr, und außerdem sollte man Frauen sowieso besser nicht ans Steuer lassen.

Ein Mann fährt eine Beule ins Familienauto. Es passiert gar nichts. Die Beule wird mit keinem Wort erwähnt. Nach Tagen fällt der Gattin eine Beule im Kotflügel auf. Schuldbewusst kramt sie sofort in ihrem Gehirn, öffnet sämtliche Schubladen, die erstens mit A wie Auto und zweitens mit B wie Beule beginnen. Doch die Schubladen sind selbst nach anstrengendster Fahndung leer - und dann, aber auch wirklich erst dann, fragt sie vorsichtig nach, wie denn die Beule ins Auto gekommen sei.

Der Gatte schaut hochgradig genervt auf, betrachtet den Gesichtsausdruck seiner ehemaligen Verlobten und überlegt, ob er ihr die Beule unterjubeln kann. Wenn er aufmerksam ist, bemerkt er die Blitze, die aus ihren Augen schießen, weil sie ahnt, was er vorhat. Was ihn in dem Fall zu der lapidaren Erklärung bringt: "Ach, die ist da schon ganz lange drin, keine Ahnung, wie die da reingekommen ist."

Selbstverständlich wird fortan das Auto kommentarlos mit Beule weitergefahren.

Die Sache mit dem kleinen Unterschied
Teil 2

Man sollte nach Möglichkeit stets gerecht sein im Leben ... ist sicher nicht nur meine Devise. Also möchte ich auch gar nicht unentwegt über die Herren der Schöpfung herziehen, sondern versuchen, ein - gerechtes - Gleichgewicht herzustellen Es geht erneut um den Unterschied zwischen Mann und Frau, der kleine nicht unerhebliche, Sie wissen schon ...

Mann und Frau beschließen, wegen des strahlenden Wetters einen wunderschönen Spaziergang zu machen.

In der Regel läuft das folgendermaßen ab: Der Mann zieht seine Schuhe an, nimmt den Schlüssel, stellt sich neben die Tür und wartet.

Die Frau findet die Idee des Spaziergangs im Sonnenschein ebenfalls herrlich – doch HALT! Dieses helle Licht bringt ja bekanntermaßen alles an den Tag. Demzufolge stürzt sie erst einmal vor den Spiegel, um sich zu stylen. Man könnte schließlich jemandem wie Frau Meier, Müller, Schulze - über den Weg laufen. Für diese Eventualität muss man unbedingt tipptopp aussehen, denn was erzählt die sonst womöglich im Dorf herum …

Der Mann steht im Flur und wartet.

Die Frau stellt zwischenzeitlich fest, dass das Mittagessen gut erkennbare Spuren hinterlassen hat und sie einen neuen Pullover anziehen muss. Also saust sie ins Schlafzimmer, reißt den Kleiderschrank auf, sucht einen Pullover, streift ihn über, wirft einen kurzen Blick in den Spiegel und stellt schaudernd fest, dass der Pullover absolut nicht zur Hose passt.

Bis eine farblich passende Hose gefunden wird, vergeht eine Weile. Die Zeit drängt nun ein bisschen, und mit kräftigem Schwung wird die Hose geentert - und schon hängt man im Hosensaum. Okay, denkt die Frau, alles kein Problem. Rasch greift sie zu Nadel und Faden und näht gewissenhaft den Saum wieder an. Natürlich hätte sie auch eine andere Hose nehmen können, aber nein, diese hier muss es sein. Während sie den Faden abbeißt, fällt ihr eine Bluse auf, die seit mindestens sieben Wochen im Korb liegt, weil ein Knopf fehlt. Der Faden würde gerade passen, also den könnte man ja eben noch annähen. So etwas dauert ja nicht lange.

Der Mann steht im Flur und wartet.

Nach insgesamt elfeinhalb Minuten - dann ist der Hosensaum hoch genäht, und die Bluse ist wieder komplett, steht dem Spaziergang nichts mehr im Wege. Aber irgendwie hat die Frau doch wohl eine Tasse Kaffee zuviel getrunken und die Kartoffelknödel vom Mittagessen entwässern bekanntermaßen ja auch. Also verschwindet sie erst einmal auf dem stillen Örtchen, was im Grunde kein großer Zeitaufwand ist. Allerdings hat irgendjemand vorher eine Zeitung liegen gelassen, deren Schlagzeile sie fesselt: "Mann gewinnt sieben Millionen im Lotto und Frau wusste nichts davon!" Also wirklich, in welcher Welt leben wir denn, denkt sich die Frau. Die Gründe für diese gemeine Unterschlagung muss ich sofort wissen. Und schon liest sie sich fest.

Der Mann steht im Flur und wartet.

Auf der rechten Seite stehen die Horoskope. Mal nachschauen, ob die Sterne ausnahmsweise recht haben. Also bei ihr stimmt schon mal gar nichts. Ein unverhofftes Liebesglück soll auf sie zukommen - hier auf dem Dorf? Und so gut verheiratet wie sie ist? Vielleicht stimmt das Horoskop vom Gatten, dem geduldigen. Da steht: "Keine Angst vor Geldanlagen." Hoppla! Sollte er vielleicht der Gewinner der sieben Millionen sein? Egal, bei den Sternzeichen der Kinder steht auch nur Blödsinn, aber vielleicht könnte man noch einen Versuch mit Tante Käthe wagen. Da steht: "Sie werden den Mann Ihres Lebens treffen und bald heiraten." Äußerst interessant. Tante Käthe ist 87 und seit 43 Jahren fest und unverbrüchlich verheiratet. Ob sich da heimlich was tut? Ein Grund, sie mal wieder einzuladen.

Der Mann steht im Flur und wartet.

Die Frau blättert um und amüsiert sich nun über die Witze. Auf der nächsten Seite beantwortet die Briefkastentante Frau Hildegard wieder völlig blöde Herzensfragen. Was den Leuten angeblich Kummer macht ist echt haarsträubend. Höchst bildungshungrig blättert sie weiter, als ihr Blick auf eine weitere Schlagzeile fällt: "Mann erschlägt Frau mit dem Bügeleisen, weil sie zu lange das Klo besetzte!" Wie vom Blitz getroffen springt sie von demselbigen, ordnet hastig ihr Äußeres, rast die Treppe hinunter, entdeckt keinen

Mann an der Tür und ruft: "Wo bleibst du denn so lange???"

Der Mann hat merkwürdigerweise keine Lust mehr auf einen Spaziergang und kocht mittlerweile Kaffee.

Die Sache mit der Treue

Laut Statistik geht jeder zweite Mann fremd. Wie es sich bei Frauen verhält, ist offensichtlich nicht genau belegt – oder die Resultate werden nicht so häufig veröffentlicht.

Nun denkt eine Frau ja gerne, sie wäre mit dem Ersten dieser traurigen Statistik zusammen, also dem, der stets treu an ihrer Seite verharrt. Doch irgendwann muss sie verdutzt feststellen, dass sie leider den Zweiten der Statistik erwischt hat. Was leicht zu erklären ist.

Ein Mann ist Jäger und Sammler zugleich, ein Beutetier sozusagen. Er geht ständig wachsam auf die Jagd, damit er sammeln kann - wie weiland unsere Vorfahren, die Neandertaler.

Natürlich haben sich die Zeiten geändert. Das Heranschaffen von Nahrungsmitteln übernimmt meist die Frau. Was aber heißt, dass der Angetraute nicht so recht weiß, wohin mit seinem Jagdtrieb. Das Mittelalter tobt unausrottbar in ihm - seine Sammelwut muss gestillt werden. Man kann diese schließlich zu jeder Zeit mit den ureigenen männlichen Genen erklären.

Gerade in unseren Breitengraden muss sich nun aber ein Mann nicht mehr auf die Lauer legen, um Elefanten und Löwen zu jagen. Das Schnitzel vom Metzger tut es auch und ist weitaus bequemer zu erwerben.

Kommen wir also zum Kern der Sache. Nachdem die Nahrungsmittel bereits fix und fertig im Kühlschrank ruhen, der Jagdtrieb aber unaufhörlich an ihm nagt und jeder Jäger von Zeit zu Zeit ein Erfolgserlebnis braucht … richtet sich die Jagdleidenschaft auf andere Ziele.

Um eine kleine Anleihe an unsere Ur-Bevölkerung zu nehmen: Man(n) wirft höchst gerne einen prüfenden Blick auf eine Löwenmähne, jedoch nur dann, wenn die dazugehörige Gestalt nicht vierbeinig durch die Wildnis schleicht, sondern zweibeinig auf ellenlangen Beinen und hohen Absätzen durch den Asphaltdschungel stöckelt. Das ist der Moment, zu dem der Jäger nicht mehr zu halten ist. Er muss die Verfolgung aufnehmen, vergisst auf der Stelle den heimatlichen Wigwam und gibt nicht eher Ruhe, bis er … na ja, wir wissen alle, wie es weiter geht. Den Tarzan-Schrei können wir uns an dieser Stelle sparen.

Ein schlechtes Gewissen entwickelt die Nummer zwei der Statistik selbstverständlich nicht. Schließlich ist der Mann immer das Opfer. Das Opfer seiner frühzeitlichen Neandertaler-Gene, die sich absolut nicht ausmerzen lassen und für die er absolut nichts kann. Er ist in allen Fällen unschuldig. Doch bevor mich hier jemand steinigt, muss gerechterweise erwähnt werden, dass Frauen heutzutage ebenfalls öfter mal (und meistens sogar ebenso ohne schlechtes Gewissen) die Rolle des Jägers und Sammlers übernehmen.

Ist das nun Gleichberechtigung???

Inhaltsverzeichnis

Die Sache mit …

Danksagung
für zwei besondere Freundinnen

Es gibt wenige Menschen, die unseren Lebensweg bereichern.

P.Z. Du hast mich mit Deiner selbstlosen Unterstützung auf den richtigen Weg gebracht. Dafür, und dass Du mir seit Jahren mit Rat und Tat in allen Lebenslagen zur Seite stehst, gebührt Dir mein besonderer Dank.

Marion S., danke, dass Du immer für mich da bist. Mit Deiner Begeisterung für meine Artikel hast Du mir soviel geholfen. Ich werde Dich so sehr vermissen!

Karin Kirwa

Die Sache mit der Eitelkeit

Neue kurzweilige Geschichten aus dem Leben der Karin K.

Eigentlich wäre es jetzt an der Zeit, mal ein Fettnäpfchen auszulassen. ☺ Aber warum eigentlich? Nach dem Buch "Die Sache mit der Heckenschere", kommt nun endlich die Fortsetzung.

Kleine und große Katastrophen, die uns allen immer wieder passieren sind hier mit einem Augenzwinkern niedergeschrieben. Vieles wird Ihnen bekannt vorkommen. Lesen Sie und lachen Sie! Viel Spaß!

In Ihrer Buchhandlung
Paperback, 132 Seiten, € 8,90
ISBN 978-38448-1996-0

Karin Kirwa

Bommel fährt nach Dänemark

Neue Abenteuer zum Lesen und Vorlesen
Mit zahlreichen Abbildungen

Eigentlich hat Bommel überhaupt keine Lust nach Dänemark zu fahren, weil es da keine wilden Tiere gibt. Nicht einmal Löwen. Was soll er denn in einem Land, wo es keine Löwen gibt? Aber Bommel wird sich noch wundern. Dieser Urlaub entwickelt sich rasch zu einem spannenden und gefährlichen Abenteuer. Aber lest besser selbst, was Bommel alles in Dänemark erlebt. Für mich ist das wieder einmal viel zu aufregend …

In Ihrer Buchhandlung

Paperback, 108 Seiten, € 9,90

ISBN 978-3-8391-3852-6

Karin Kirwa

Bommel fängt den Ostereierdieb

Neue Abenteuer zum Lesen und Vorlesen

Mit zahlreichen Abbildungen

Bommel hat wieder einmal viel zu lange geschlafen, bis er plötzlich wach wird, weil eine Amsel so laut singt.Und wie immer fällt er erst einmal aus seinem Bett. Aber dann trifft er die Osterhasenpolizei auf der Jagd nach einem Dieb. Erst nimmt ihn die Polizei nicht ernst, weil Bommel so kurze Beine hat. Aber Bommel weiß, was er zu tun hat. Plötzlich überschlagen sich die Ereignisse. Wird Bommel den Eierdieb fangen können? Aber lest besser selbst, für mich ist das wieder einmal viel zu aufregend ...

In Ihrer Buchhandlung

Paperback, 120 Seiten, € 9,90

ISBN 978-3-8391-6510-2

Karin Kirwa

Bommel

Der Retter in der Not

Mit zahlreichen Abbildungen

Und wieder ist es soweit, ohne Bommel geht zu Weihnachten scheinbar gar nichts mehr. Gut, dass er sein
Fahrrad hat, auch wenn der Regenbogen etwas steil ist
und die Milchstraße glatt Aber lest selbst, für mich ist
das schon wieder viel zu aufregend!

In Ihrer Buchhandlung

Paperback, 112 Seiten, € 8,90

ISBN 978-3-8423-8373-9